CHENGXUXING
JIAOPAI FA

程序性叫牌法

罗勤熙 编著

成都时代出版社
CHENGDU TIMES PRESS

图书在版编目（CIP）数据

程序性叫牌法 / 罗勤熙编著. —成都：成都时代出版社，2020.7
ISBN 978-7-5464-2578-8

Ⅰ.①程… Ⅱ.①罗… Ⅲ.①叫牌－基本知识 Ⅳ.①G892.1

中国版本图书馆 CIP 数据核字（2020）第 058150 号

程序性叫牌法
CHENGXUXING JIAOPAIFA

罗勤熙　编著

出 品 人	李若锋
策划编辑	刘　瑞
责任编辑	樊思岐
责任校对	翟　理
装帧设计	华彩文化
责任印制	张　露
出版发行	成都时代出版社
电　　话	（028）86618667（编辑部） （028）86615250（发行部）
网　　址	www.chengdusd.com
印　　刷	成都市书林印刷厂
规　　格	165 mm×230 mm
印　　张	15.75
字　　数	270 千字
版　　次	2020 年 7 月第 1 版
印　　次	2020 年 7 月第 1 次印刷
印　　数	3000
书　　号	ISBN 978-7-5464-2578-8
定　　价	36.00 元

著作权所有·违者必究。
本书若出现印装质量问题，请与工厂联系。电话：（028）87481198

前 言

在本书第一版的后记中,作者曾写道:"诚然,本书一定会有不足之处,作者水平有限,错漏之处实在难免。"作为一个创新性的叫牌体系,如同其他新生事物一样,必然有缺点、缺陷。希望有朝一日,再版时能加以改正,使本叫牌体系更加完善,更加受桥牌牌友和读者们的欢迎和喜爱。

然而,当我在2003年完全退休后,搬迁到一个新的小区,由于环境、条件、身体、年龄等原因,这十多年来,除了偶尔翻翻桥牌书外,几乎没有打过桥牌,本书再版的念想也逐渐淡落下来了。

2017年5月的某一天,我的小孙子突然对我说:"爷爷,我想学桥牌。"我说:"好呀!爷爷教你。"我的小孙子名叫罗骏彦,是广州市越秀区桂花岗小学的学生,他天资聪明,记忆力超凡,对数字很敏感,对数字游戏特别偏爱。2017年7月曾代表广州市到北京去参加全国"数独"比赛,获得该年全组的铜牌(第三名)。我教打桥牌的过程大致如下:首先拿一副扑克牌来,讲现代什么是花色;什么是牌点、牌型;什么是成局;什么是开叫、应叫;什么是开叫程序;什么是应叫程序等等,并把开叫程序和应叫程序写在一张小纸上,然后一边学一边打,经过两三个小时的学习和实践,他居然能和我做伙伴,上桌打桥牌了。

为了教小孙子打桥牌,我又拿起了我20年前写的本书第一版,从头看到尾。结合第一版问世后的前几年里,牌友们提出过的一些意见和建议,又燃起了再版本书的念头。

本书再版,在保持《程序性叫牌法》基本原理的基础上,对全书进行了系统的修订,主要修订的内容有:

(1)将开叫基本程序"开接接……接止"改为"01119",即将中文文字改为纯数字组合。这样一来,开叫应叫的基本程序及其衍生程序全部为数字

组合,故可称谓"数字化叫牌"。

世界上任何一个国家、任何一个民族的任何一个公民,只要懂得英语字母及阿拉伯数字,都可以通过本叫牌体系学习桥牌,这将促使桥牌这项奥林匹克智力运动更好地在国际上普及和推广。

(2)更加突出"点套共息、固定程序"这八个字。本叫牌体系是一个全新的叫牌体系,与原来已有的叫牌体系的本质区别就在"点套共息、固定程序"这八个字上。为此,有的牌例增加应叫人的牌型、应叫程序,增加开叫人对应叫人的牌点、牌型的估算和推测,使读者更好地掌握本叫牌体系的精华所在。

(3)取消现有的"转移叫"。本书第一版中写道:单套牌的代表牌型是5—4—3—1,其应叫基本程序为"35142","5"要求应叫人第二应叫将手中的5张套叫出。当应叫人牌点为8±1点时,直接叫出该花色套;当应叫人牌点为11±1,14±1点时,用转移叫出该花色套(即叫比该花色套低一级的花色)。实践表明,此叫法容易造成混乱,似乎有画蛇添足之嫌,故此次再版修订时,一律取消所有的转移叫。

(4)对个别章节进行了调整。比如平均牌型的开始由1♣改为1♣(或1NT)开叫;取消1NT示弱性开叫;特殊牌型的开叫一律用1♣开叫;开叫者就是决策者,不转为参谋者等等。

(5)重写"综合性开叫与应叫"这一章。"点套共息、固定程序"是第一版的本质特征,这次改版改为"点套组合开叫,点套共息应叫,开叫应叫全数字化"。这将使1073种牌点、牌型组合中的任何一种牌点、牌型组合的开叫及应叫都可以在"开叫数"及"应叫表"查找。于是"综合性开叫与应叫"就变成了"表格式数字化叫牌"。

(6)简易叫牌法部分改写并增设简易记分法。为了方便初学者及中小学校推广桥牌运动,通过程序把桥牌变成"数字游戏",通过简易记分法,使比赛能分出胜负,增强游戏的乐趣。

通过教我的小孙子打桥牌,我感悟出一个崭新的概念:桥牌就是一种"数字游戏"。在此我建议在中小学校大力开展桥牌游戏的课外活动,这对开发青少年的智力,陶冶情操,增进团队的合作精神,促进健康中国的建设都是大有裨益的。

经过慎重考虑,我终于下定决心,克服各种困难,修订《程序性叫牌法》

一书，以期对健康中国建设，对我国桥牌运动的发展贡献一点微薄的力量。这也是我这个耄耋老人的一个夙愿。

最后，我在广东省顺往特程变压四厂当顾问期间，我的桥牌伙伴周小鸣、刘四维、陈献清及数十位桥牌牌友们对本书曾提过一些宝贵的意见和建议，在此一并表示感谢。

显然，作者水平有限，错漏之处在所难免，敬请牌友们和读者们批评指正。

目 录

绪论 ………………………………………………………………（1）

  （一）叫牌体系的分类及其评价标准 …………………………（1）

  （二）牌情分析及其统计规律性 ………………………………（3）

  （三）本叫牌体系的现代科学理论基础 ………………………（5）

  （四）本叫牌体系所采用的有关概念及其定义 ………………（8）

  （五）本叫牌体系的基本特征 …………………………………（17）

第一章　一阶高花（1♥、1♠）开叫及应叫 ……………………（27）

  第一节　应叫者为单套、双套牌型时的应叫 …………………（28）

  第二节　应叫者为平均牌型时的应叫 …………………………（32）

  第三节　应叫者为三套牌型时的应叫 …………………………（33）

  第四节　满贯向叫 ………………………………………………（35）

第二章　1♣多义叫 ………………………………………………（53）

  第一节　一阶低花（1♦、1♣）的开叫及应叫 ………………（53）

  第二节　1♣示强性开叫及应叫 ………………………………（65）

  第三节　部分半特殊牌型的1♣开叫及应叫 …………………（76）

第三章　平均牌型1♣（或1NT）的开叫与应叫 ……………………（87）

第四章　1♦示弱性开叫及应叫 ……………………………………（101）

第五章　二阶及多阶花色开叫及应叫 ……………………………（112）
　　第一节　二阶花色开叫及应叫 …………………………………（112）
　　第二节　多阶花色开叫及应叫 …………………………………（119）

第六章　特殊牌型的开叫与应叫 …………………………………（126）

第七章　竞争性叫牌及牺牲叫 ……………………………………（138）
　　第一节　竞争性叫牌 ……………………………………………（138）
　　第二节　牺牲叫 …………………………………………………（166）

第八章　综合性开叫与应叫 ………………………………………（183）

第九章　简易叫牌法 ………………………………………………（216）

第十章　简易记分法 ………………………………………………（228）

主要参考书目 ………………………………………………………（241）

一般桥牌书籍是没有绪论这一章的。本书为什么要专门设这一章呢？主要有两个原因：

一是绪论所介绍的内容具有很高的概括性和很强的通用性。换句话说，绪论是全书的精华，全书的大纲，对各章均有指导意义；各章只是绪论的展开、绪论的练习而已。对高、中级牌手来说，只要认真地读完绪论，就基本上掌握了本叫牌法的骨架，后面各章作为练习随便看看就行了。对初学者和初级牌手来说，大体上了解了绪论，对学习以后各章，会带来很多的方便。

二是本叫牌体系是在吸收了各种叫牌体系优点的基础上，独自创立的一种全新的叫牌体系。就整个体系而言，本叫牌体系与现已发表的各种叫牌体系有着本质上的区别。这些本质上的区别表现在概念、定义、特征上，放在哪一章都不太适合，只有用绪论才能把本叫牌体系的本质特征阐述清楚。

（一）叫牌体系的分类及其评价标准

桥牌牌友们都知道，现代桥牌叫牌方法主要分成两大类，一是自然叫牌法，二是人工叫牌法。随着桥牌叫牌理论的发展，这两种叫牌法互相渗透，不断创新，由此而演变出来的叫牌体系有几十种乃至上百种，其中许多约定叫名目繁多，防干扰能力不强，难以记忆和掌握。特别对大多数的业余桥牌爱好者来说，在繁忙的工作之余，在有限的休闲时光里，要准确记忆和运用这些名目繁多的约定叫是一种沉重的负担，甚至可能弄巧成拙。那么，如何选择或设计一种叫牌体系呢？这和评价一般事物一样，首先应有一个评价的标准。作者认为，评价一种桥牌体系的优劣，主要标准有以下6条：

1. 准确：叫牌体系中任一叫品都应准确无误地传达某种特定的信息，不

能模棱两可，似是而非。当然，对于某些多维信息的叫品，可以通过后续叫牌表达清楚。

2. 简单：从整体上看，如果两种叫牌体系对任一副牌都能叫到最佳定约的话，那么叫品越少、约定叫越少的叫牌体系就越好。从局部上看，多维信息的叫品越少越好。换句话说，在相同的准确度的情况下，越简单的叫牌体系就越好。

3. 通用：现有的不少叫牌体系由于自身的缺陷，往往需要伙伴之间的长期合作和默契来弥补，这就给桥牌运动带来负面的影响，限制了桥牌运动的普及和发展。叫牌体系的通用性是指任何两个从来没有合作过的牌手，即使是临时合作，只要按同一种叫牌体系的游戏规则叫牌，都能达到最佳定约的叫牌效果，这样的叫牌体系的通用性就强，反之，通用性就差。

4. 防干扰能力强：桥牌是一种智力竞技运动，对阵双方都想千方百计地干扰对方。为了抗干扰，许多叫牌体系采用各种各样的抗干扰约定叫，这使得叫牌过程更加复杂。如果有一种叫牌体系，不管对方如何干扰，同伴之间都能简单而又准确地叫到最佳定约，则这种叫牌体系的抗干扰能力就强，反之，抗干扰能力就不强。

5. 隐蔽：如果某种叫牌体系，开叫方和应叫方都把自己的牌点和牌型完全告诉同伴，与此同时也告诉了对手，有利于对手的首攻和防守，这种叫牌体系的隐蔽性就不强，反之隐蔽性就强。隐蔽性强的叫牌体系有利于在桥牌竞技中取胜。

6. 联手最优化：所谓联手最优化，即联手的牌点、牌型打什么定约是最佳定约，经过拆牌（四能手，详细分析研究后，决定打什么定约是最佳定约）后与原叫牌的定约是一致的，即全暗手叫成的定约与全明手叫成的定约是一致的，这个定约就称为联手最优化定约。任何一种叫牌体系，叫到联手最优化的比率较高，就是一种较好的叫牌体系。

显然，如果有一种叫牌体系能满足上述 6 条要求的话，那将是一种非常先进的叫牌体系。

本叫牌体系，正是孜孜不倦地追求，以尽可能达到上述 6 条标准的崭新的叫牌体系。

(二) 牌情分析及其统计规律性

要想研究、开发、设计出一种新的叫牌体系，必须对牌情（牌点和牌型）进行精细而又深刻的研究，并找出其内在的规律性。

我们拿到一手牌，牌点大多数在 7~12 点之间，牌型大多数为 4-4-3-2，4-3-3-3，5-3-3-2，5-4-3-1，5-4-2-2。为什么会这样呢？数学家们为我们揭开了这其中的秘密，这就涉及"概率论与数理统计"这门科学。

"概率论与数量统计"告诉我们，自然界中有一类现象，在个别试验中呈现出不确定性；在大量重复试验中，又具有统计规律性，我们把这种现象称为随机现象，把这种试验称为随机试验。随机试验要满足下列三个条件：1. 允许在相同的条件下重复地进行；2. 每次试验结果不一定相同；3. 试验之前不知道会出现哪种结果。

将洗好的扑克牌分给 4 个人，依次每人一张一张地发下去，最后每人得到 13 张牌，然后翻开来看，每次的牌点和牌型都不一定相同，发牌之前并不知道你会拿到多少牌点，什么样的牌型。显然这种现象就是随机现象，这种试验就是随机试验。在大量的洗牌、发牌、看牌的重复操作中，牌点、牌型又具有统计规律性，这就是桥牌手册或桥牌书中列出的牌点概率表和牌型概率表，用百分比表示。

牌点概率（机会率）表   表 1

大牌点	概率%	分层次合计
0	0.36	
1	0.79	0~3 为 4.97%
2	1.36	
3	2.46	
4	3.85	
5	5.19	4~6 为 15.59%
6	6.55	

大牌点	概率%	分层次合计
7	8.03	7～9 为 26.28%
8	8.89	
9	9.36	
10	9.41	10～12 为 26.39%
11	8.95	
12	8.03	
13	6.91	13～15 为 17.02%
14	5.69	
15	4.42	
16	3.31	16～18 为 7.28%
17	2.36	
18	1.61	
19	1.04	19～21 为 2.06%
20	0.64	
21	0.38	
22	0.21	22～24 为 0.38%
23	0.11	
24	0.06	
25	0.03	25～27 为 0.05%
26	0.01	
27	0.01	
28	0.002	28 点及以上为 0.003%
29	0.001	
30	0	
31～37	0	

牌点规定如下：A=4点，K=3点，Q=2点，J=1点。

牌型概率（机会率）表　　　　表2

长套张数	牌　型	概率%	长套张数	牌　型	概率%
4	4−4−3−2	21.55	6	6−3−2−2	5.64
	4−3−3−3	10.54		6−4−2−1	4.70
	4−4−4−1	2.99		6−3−3−1	3.45
5	5−3−3−2	15.52		6−4−3−0	1.33
	5−4−3−1	12.93		6−5−1−1	0.71
	5−4−2−2	10.58		6−5−2−0	0.65
	5−5−2−1	3.17		6−6−1−0	0.072
	5−4−4−0	1.24	7	各型	3.53
	5−5−3−0	0.90	8张及以上	各型	0.5

从上列大牌点概论表中可以看出，大牌点概率超过4%的有5～15点，其概率之和为85%，因此，一个良好的叫牌体系首先要把牌点5～15点的牌表达得准确无误，然后再兼顾其余牌点的牌。

从上列的牌型概率表中可以看出概率大于10%的牌型为4−4−3−2，21.6%；4−3−3−3，10.5%；5−3−3−2，15.5%；5−4−3−1，12.9%；5−4−2−2，10.6%；这些牌的概率之和为71.1%，因此，一个良好的叫牌体系首先要把这些常见牌的牌型表达得清清楚楚，然后再兼顾其余牌型的牌。

（三）本叫牌体系的现代科学理论基础

1. 概率论与数理统计

这是牌点、牌型分析并找出其内在规律性的理论基础，已如上述。

2. 信息学

这是近20年来在信息论、控制论、系统论的基础上发展起来的一门新兴学科。信息学是研究信息现象及其运动规律的应用方法的科学。

信息学指出，按照人们对信息的接收和认识过程的逻辑层次的不同，将信息区分为语法信息、语义信息和语用信息。

语法信息是信息的第一个层次，它是反映事物运动状态和存在方式，而不涉及信息的内涵。语义信息是信息的第二层次，它不仅反映事物运动变化的状态，而且还要揭示事物运动变化的意义。语用信息是信息的最高层次，它是指信源新发出信息被信宿（收信人）收到后将产生的效果和作用。同一信息，对不同的接收者而言，在不同的时间、地点和条件下，其效用或价值可以是不同甚至是完全不同的。

对于桥牌叫牌而言，任一叫品信息既包含语法信息，也包括了语义信息，同伴和敌方均可收到，但其语用信息就各不相同了。比如按本叫牌体系规定，第一次应叫某一花色，表示该花色三张及以上，并含有一张大牌（A、K、Q中任一张），这个信息同伴和敌方都能收到其语义，但其语用就大不相同了。假设开叫人该花色含有 AQ×××，则开叫人知道应叫人持有该花色三张及以上，且有一张 K，这样开叫人就知道这门花色在大多数情况下可以拿到 5 墩。又比如，按本叫牌体系规定开叫人（决策者）除第一叫和最后一叫外，其余都是接力叫。接力叫对敌方是既没有语义也没有语用作用的信息，它只有语法作用。但对同伴来说，它既有语法作用，使叫牌能延续下去，还有局部的语义作用，询问同伴的牌情，同伴不能停叫而且要将牌情按规定的程序告诉开叫人。

信息学还告诉我们，信息的传播需要有足够容量的信息通道，而桥牌的叫牌受叫牌规则的约束，其信息通道是有限的，特别是在双方竞争叫牌的情况下，信息传播通道的容量就更少了。如何增加通道的有效容量呢？本叫牌体系，开叫人除第一叫和最后一叫为真实的自然叫外，中间叫均采用接力叫，并充分利用"加倍""再加倍"叫品，其目的就是为了增加信息通道的有效容易，使信息传输（牌情传输）得更详细、更准确。

3. 决策科学

现代决策理论指出，所谓决策，简单地说就是从两个以上的备选方案中选择一个方案的过程。决策的科学性首先要建立在各种客观信息的详尽、准确、可靠的基础上。决策的正确性还与决策者的个人素质有关。

本叫牌体系不采用传统的叫牌决策方法——根据实际情况，同伴中任一人都可以决策的方法。由于敌方的干扰，同伴之间往往会误解对方的信息，建立在错误信息基础上的决策是失败的决策。

为了增加信息通道的有效容量，使信息更详尽更可靠，为了减少因敌方干扰而出现的误解，本叫牌体系采用同伴中一人为决策者，另一人为参谋者，只准许决策者进行决策的方法。即决策者不必将自己的牌情详细地告诉参谋者,故中间叫一律采用接力叫,而参谋者则要详尽地把自身的牌点、牌型信息告诉决策者,由决策者对信息进行加工整理,并通过简单计算和逻辑推理,审时度势地进行定约的最优化决策。当然,决策者和参谋者在一定的条件下是可以相互转化的。后面各章节将详细地讨论。

4. 创造学

创造学告诉我们,在现代创造活动中,占主导地位的将是人们大脑的主体思维、全方位思维、多路思维、逆向思维、扩散思维与集中思维等。

多路思维要求思考者要善于一路又一路,即多路地想问题,而不要在"一条道上走到黑"。

逆向思维即反向思维,就是突破"传统性思维"方式,对事物"反过来想一想",以达到创造的目的。

在上述两种创造性思维方式的启发下,作者要想在叫牌方法上有所突破,首先必须在思维方式上有所突破,即采用多路思维和逆向思维才行。

本书至少在以下两个方面,突破了现有叫牌体系的框框:

(1) 不少桥牌专家预言,未来的叫牌体系将是更多、更新、更复杂的约定叫(这里指的是叫品约定叫)出现在叫牌体系中。果真是这样吗?难道除此之外别无他法吗?更多、更复杂的逆向思维是使用约定叫更少、更简单。作者在研究开发新的叫牌体系时,一开始便以更少、更简单的约定叫作目标。经过多年的努力,终于找到了比原来的约定叫更少、更简单而又更准确的叫牌体系——点套共息、固定程序叫牌法。

(2) 传统的叫牌体系是同伴之间互通信息,最后由某一人进行决策的。这种双人均可决策的叫牌方式一方面占去了大量的信息传输的有效通道;另一方面由于敌方的干扰,使同伴之间往往会"表错情",从而导致叫牌失误。另外,为了弥补这种失误,往往要靠同伴之间的长期合作,即所谓"默契"。双人决策的逆向思维就是单人决策,即一人做决策者,另一人做参谋者,这是否能行得通呢?研究结果表明,这是完全可以做得到的。任意两个人,只要大家都按本叫牌体系的游戏规则叫牌,叫牌成功率可达95%以上。

5. 军事科学

军事科学告诉我们,战争是政治的继续,是阶级斗争的最高形式,亦是敌我双方你死我活斗争的最高形式。"兵者,诡道也。"孙子的这句名言,在一定意义上反映了军事斗争的特点,也道出了军事谋略的一个重要特征——

7

诡诈性。军事谋略反映了最一般的战争指导规律，高于我们通常说的军事原则和战术方法，因此，它带有普遍的适用性和更长的生命力。谋略充满了整个战争的过程，战略决策需要谋略，策略决策需要谋略，战术决策也需要谋略。

时至今日，在世界范围内，在各行各业中，出现了研究孙子兵法的"孙子热"，这充分说明"孙子兵法"已经远远超出了军事范畴。可以这样说："孙子兵法"就是"人文谋略学和决策学"。哪里需要谋略，哪里就要用孙子兵法；哪里需要决策，哪里就得借助孙子兵法。显然，军事谋略中的许多内容都适用于竞争性的体育运动，当然也适用于桥牌比赛。

桥牌比赛中的战略决策是否正确，对桥牌比赛的胜负起着决定性的作用，桥牌比赛的战略决策既包括整个比赛全局的战略决策——主客观情况，不同的赛制，不同的对手、不同的阶段有不同的战略决策；也包括每一局牌的战略决策，即根据叫牌信息，该局牌应该是敌方做庄还是我方做庄，如果敌方叫成成局定约，你应该采用防守策略还是牺牲策略。一局牌的战略决策首先是从叫牌开始的。本叫牌体系就是从战略的高度出发设置叫品，它根据不同的牌点、牌型，合理地安排相应的叫品。其中一阶示弱性开叫是专为牺牲叫做准备的，这是在战略指导下的局部牺牲，目的是以较小的代价换取较大的胜利。

军事战术上的谋略用于桥牌的打牌过程就更为普通、更为精彩了，但这非本书所讨论的范围，不必赘述了。

（四）本叫牌体系所采用的有关概念及其定义

1. 本叫牌体系的牌点分段

与前述的牌点概率表（表1）的分段是一致的，即3点及以下为一段，4～6点为一段，7～9点为一段，其余类推。这样分段为点套共息的第一应叫按"档"应叫提高方便。

2. 本叫牌体系的牌型分类

（1）按套型分类

（a）平均牌：既无5张花色套也没有单张花色套的牌；

（b）单套牌：只有一种花色为5张及5张以上套的牌；

(c) 双套牌：有两种花色为 5 张及以上套的牌；

(d) 三套牌：有三种花色为 4 张及 4 张以上套的牌。

按套型分类的牌型表　　　　　　　　　　　　　　　　表 3

平均牌		单套牌				双套牌		三套牌	
牌型	概率	牌型	概率	牌型	概率	牌型	概率	牌型	概率
4—4—3—2	21.55	5—3—3—2	15.52	7—4—1—1	0.39	5—5—2—1	3.17	4—4—4—1	2.99
4—3—3—3	10.54	5—4—3—1	12.93	7—4—2—0	0.36	5—5—3—0	0.90	5—4—4—0	1.24
		5—4—2—2	10.58	7—3—3—0	0.27	6—5—1—1	0.71		
		6—3—2—2	5.64	8—2—2—1	0.19	6—5—2—0	0.65		
		6—4—2—1	4.70	5—3—1—1	0.12	7—5—1—0	0.11		
		6—3—3—1	3.45	8—3—2—0	0.11	6—6—1—0	0.072		
		6—4—3—0	1.33	8—4—1—0	0.045	7—6—0—0	0.0055		
		7—3—2—1	1.88	9 张及以上	0.035	8—5—0—0	0.0031		
		7—2—2—2	0.51						
合计 2 种		合计 17 种				合计 8 种		合计 2 种	
32.09		58.06				5.62		4.23	
总计：29 种，概念 100%									

(2) 按牌型出现的概率分类

(a) 常见牌型：概率≥10％的牌型；

(b) 少见牌型：概率在 1％~9％的牌型；

(c) 难见牌型：概率在 0.1~0.9％的牌型；

(d) 罕见牌型：概率在 0.1％以下的牌型。

按出现概率分类的牌型表　　　　　　　　　　　　　　表 4

常见牌型		少见牌型		难见牌型		罕见牌型	
牌型	概率	牌型	概率	牌型	概率	牌型	概率
4—4—3—2	21.55	6—3—2—2	5.64	5—5—3—0	0.90	6—6—1—0	0.072
5—3—3—2	15.52	6—4—2—1	4.70	6—5—1—1	0.71	8—4—1—0	0.045
5—4—3—1	12.93	6—3—3—1	3.45	6—5—2—0	0.65	7—6—0—0	0.0055
5—4—2—2	10.58	5—5—2—1	3.17	7—2—2—2	0.51	8—5—0—0	0.0031
4—3—3—3	10.54	4—4—4—1	2.99	7—4—1—1	0.39	9 张及以上	0.035

常见牌型	少见牌型		难见牌型		罕见牌型
	7—3—2—1	1.88	7—4—2—0	0.36	
	6—4—3—0	1.33	7—3—3—0	0.27	
	5—4—4—0	1.24	8—2—2—1	0.19	
			8—3—1—1	0.12	
			7—5—1—0	0.11	
			8—3—2—0	0.11	
合计 5 种	合计 8 种		合计 11 种		合计 5 种
71.12	24.40		4.32		0.16
总计 29 种，概率 100%					

（3）按牌型的特殊性分类

（a）一般牌型：既没有单张也没有缺门的牌型；

（b）半特殊牌型：有一种花色为单张的牌型，此牌型亦称"次强牌型"；

（c）特殊牌型：一种花色为缺门或同时有两种花色为单张的牌型。此牌型亦称为"强牌型"。

按牌型的特殊性分类　　　　　　　　　　　表 5

一般牌型		半特殊牌型		特殊牌型（强牌型）			
牌型	概率	牌型	概率	牌型	概率	牌型	概率
4—4—3—2	21.55	5—4—3—1	12.93	6—4—3—0	1.33	8—3—1—1	0.12
5—3—3—2	15.52	6—4—2—1	4.70	5—4—4—0	1.24	7—5—1—0	0.11
5—4—2—2	10.58	6—3—2—1	3.45	5—5—3—0	0.90	8—3—2—0	0.11
4—3—3—3	10.54	5—5—2—1	3.17	6—5—1—1	0.71	6—6—1—0	0.072
6—3—2—2	5.64	4—4—4—1	2.99	6—5—2—0	0.65	8—4—1—0	0.045
7—2—2—2	0.51	7—3—2—1	1.88	7—4—1—1	0.39	7—6—0—0	0.0055
		8—2—2—1	0.19	7—4—2—0	0.36	8—5—0—0	0.0031
				7—3—3—0	0.27	9 张及以上	0.035
合计 6 种		合计 7 种		合计 16 种			
64.34		29.31		6.35			
总计：29 种，概率 100%							

3. 大牌点的计算及其价值

（1）本叫牌体系采用国际通用的大牌点计算方法，即：

A＝4点，K＝3点，Q＝2点，J＝1点。

整副牌总牌点＝4×(4＋3＋2＋1)＝40点。

（2）单手牌大牌点的价值：

单手牌中大牌点之和称为单手牌的牌点（简称单手牌点）。通常以平均数10点为基准，超过平均数10点越多者，牌点的价值越高。

在常见牌型的条件下，单手牌点是开叫、应叫的基础，也是打牌实力的基础。

（3）联手牌点的价值

你和同伴的大牌点之和称为联手牌点。以敌我双方的平均数20点为基准，超过平均数20点越多者，联手牌点的价值就越高。

与单手牌点相比，联手牌点的组合价值略高于你和同伴的单手牌点之和。因为同伴的大牌对你的大牌有"保护"作用。比如你拿到某一花色的KJ，你的同伴拿了同一花色的AQ，则这4张牌大多数情况下是赢墩。但如果你的下家（左手对方）拿到了同花色的AQ，则一般情况下的KJ全被敌方吃掉，可能一墩也拿不到。故联手牌点组合价值略大于两人单手牌点之和。

4. 牌型的价值

（1）单手牌的牌型价值：

一副牌中每一种花色有13张，分发给4位牌手，平均每人3张，最后多出1张在谁手里，谁就可能多得一个赢墩。如果谁拿到第5张、第6张……则可能获得更多赢墩。显然，牌型的价值随着同一花色牌张数的增加而增加。

（2）联手牌的牌型价值：

联手牌的牌型价值体现在牌型的配合上。联手牌型配合有最佳、一般、最差之分。

联手牌型的组合数非常之大，为第一家为牌型组合数与第三家牌型组合数之乘积，即：

$0.635×10^{12}×0.104×10^{8}＝6.604×10^{18}$

假如联手双方拿到的都是常见牌型的话，其联手组合数为4096种，在这4096种配合中：

最佳配合为：10－8－4(1)－4(1)

$$9-9-4(1)-4(1)$$

上式中 4（1）表示某花色联手共 4 张，但其中有一家为单张。

最差配合为：7－7－6－6

一般配合为：8－7－6－5、8－6－6－6 等

5. 牌力的概念

本叫牌体系将牌点与牌型的有机配合而形成的赢墩能力称为牌力。

（1）单手牌的牌力：

单手牌的牌力也有较好、一般、较差之分，比如：

♠：AKQ××	♠：KQ×××	♠：Q××××
♥：A×	♥：A×	♥：A×
♦：××××	♦：A×××	♦：A×××
♣：××	♣：××	♣：K×
较好	一般	较差

以上三手牌，牌点、牌型相同，但牌点与牌型的配合则有较大的区别，即牌力有较大的区别。

配合较好的特征是：大牌落在长套上，所有大牌点都是有效的，不会被敌方吃掉。

配合较差的特征是：长而不强，强而不长，除 A 外的大牌点都有被敌方吃掉的危险。

配合一般的特征是：介乎于上述两者之间。

（2）联手牌的牌力：

联手牌的牌力也有较好、一般、较差之分别比如：

A. 配合较好

你	同伴	联手
♠：AKQ××	♠：××××	9－9－4(1)－4(1)
♥：××××	♥：AKQ××	
♦：×	♦：×××	
♣：×××	♣：×	

B. 配合一般：

| 你 | 同伴 | 联手 |
| ♠：AKQ×× | ♠：××× | 8－6(1)－5(1)－8 |

♥：× ♥：AKQ××
♦：×××× ♦：×
♣：××× ♣：××××

C. 配合较差：

你 　　　　同伴　　　　联手

♠：AKQ×× ♠：× 6(1)－6(1)－7－7
♥：× ♥：AKQ××
♦：×××× ♦：×××
♣：××× ♣：××××

配合较好的特征是：某花色你长我次长，我长你次长；某花色我单张，另一花色你单张，联牌型9－9－4(1)－4(1)。显然，在配合较好的牌例中，你和同伴只有18点，却完全可以高花成局。

配合一般的特征是：某花色我长你3张，某花色你长我短，联手牌型8－6(1)－5(1)－8。在配合一般的牌例中，如果有首攻正确，草花输3墩，方块输1墩，难以高花成局。

配合较差的特征是：我长你短，你长我短，次长对次长，联手牌型。6(1)－6(1)－7－7在上述配合较差的牌例中，如果首攻正确，即使1♠（或1♥）都难以打成。

显然，在上述牌例中，单手牌的牌力是一样的，但联手牌力就相差甚远了。

6. 打牌实力的概念

打牌实力，指的是在打牌（一局）全过程中的赢墩能力。打牌实力主要取决于两个因素，一是联手的牌力，这是赢墩的客观因素；二是打牌者的素质和技能，这是赢墩的主观因素。后者又与打牌者所采用的叫牌体系的精确水平，打牌者的智慧、谋略、技巧、经验、体能、心理素质等有关。

7. 阶、级、档的概念

（1）阶：叫品前面的数字称为"阶"，共有7个阶。

1阶叫品有：1♣、1♦、1♥、1♠、1NT；

2阶叫品有：2♣、2♦、2♥、2♠、2NT；

……

7阶叫品有：7♣、7♦、7♥、7♠、7NT。

(2) 级：每一个叫品均称为"级"（不包括加倍和再加倍），共有35个级。

在同一"阶"中，"级"从小到大的排列顺序为：

草花→方块→红桃→黑桃→无将

一级　二级　三级　四级　五级

(3) 档：在同一阶中，两种低花合在一起称为"低花档"，两种高花合在一起称为"高花档"。比如：

其余类推。

"档"是本叫牌体系独有的概念，专门用于"点套信息"的第一应叫。

8. 决策者与参谋者为概念

这也是本叫牌体系特别设置的概念之一。

本叫牌体系是由一人决策（决定最终定约）的，这人称为决策者。决策者的同伴称为参谋者。参谋者要将自己的牌点、牌型清楚准确地告诉决策者，由决策者综合考虑联手的牌力、局况、比赛方式等情况进行决策。当然，在一定的条件下，决策者与参谋者的角色是可以互相转化的。

9. "叫两头、算中间"的概念

从牌型分类表中可以看到，除4-4-3-2，4-3-3-3，4-4-4-1，三种牌型外，其余所有牌型都毫无例外地含有5张或5张以上的长套，此外还有2张、1张、零张（缺门）的短套。本叫牌体系突出叫出长套和缺套，中间套可以通过简单的计算就可以算出它的张数来（4种花色张数之和等于13）。这就是"叫两头、算中间"的概念。

10. 程序约定与数字化概念

通常，在桥牌界里，"约定"是指叫品的约定，即在特定的条件下，表示一个特定的含义。从广义的角度看，"程序约定"也是一种约定，而且是一种更高层次的约定。何以见得呢？一个叫品约定只表示一个特定的含义，而一个"程序约定"可表示多个含义。比如，单套牌的应叫基本程序为"35142"（详见23页，"单套牌型应叫基本程序"），其中"1"是指应叫单张的花色，可以是黑桃、红桃、方块、草花和无将其5个叫品,分别表示5种含义。显而易见,"程序约定"为更高层次的约定。

本叫牌体系的本质特征是:点套组合开叫,点套共息应叫,开叫应叫全数字化。牌点、牌型是数字,开叫基本程序是数字,其余4种应叫基本程序也是数字,如果把应叫的衍生程序(共25个)也计算在内,则全部都是数字。换句话说本叫牌体系通过上述方法,把复杂的桥牌转换成"数字游戏",使普通大众、男女老少也能接受和掌握。这就是数字化的概念。

11. 一阶高花开叫牌力的决定

本叫牌体系规定一阶高花开叫的条件是:

牌点:11～15点;牌型:黑桃(红桃)5张及以上,至少有A、K、Q三张大牌中的一张。

这个条件是怎么来的呢?

首先,我们知道整副牌共40点,4人平均每人10点,显然超过10点就过了平均数,故11点即可开叫。

其次,整副牌共40点是为了方便记忆和计算。实际37点就可以打成7NT,比如你和同伴联手牌力为:

♠:AKQJ
♥:AKQ
♦:AKQ }共37点
♣:AKQ

则不管敌方的牌点、牌型如何分布,你都可以打成7NT。

由此可得,赢1墩牌所需的大牌点为$37 \div 13 = 2.85$点。

本叫牌体系规定5张套才作一阶高花开叫,这个条件又是怎么来的呢?你有5张套,你的同伴有3张套,合计共8张套;对方只有5张套,概率论告诉我们,对方5-0分布的概率为4%,而且5张套中还要有1张较大的牌才有可能成为赢墩,这样对方赢墩的概率小于4%,属小概率事件,可以忽略不计,故你的第5张可算一个赢墩。概率论还告诉我们,外面4-1分布的概率为28%,不属于小概率事件,不能忽略不计。因此,你的5张套中的第4张只能算半个赢墩。这样一来,靠长套(非大牌点)的赢墩是1.5墩。那么,靠大牌点的赢墩为$7 - 1.5 = 5.5$,而$2.85 \times 5.5 = 15.7 \approx 16$(点)。这表明,即使同伴是零点,有3张将牌配合,即可打成一阶高花定约,故16点(单人)

及以上的牌称为强牌，另设叫品。这样一阶高花开叫的最高限为 15 点，于是一阶高花开叫的牌点定为：11～15 点，平均 13 点。

一阶高花开叫后的应叫定为 7 点，则 $11+7=18$（$\approx 37/2$）接近 37 点的一半。

对于其他开叫叫品的设置，则是从整体出发，以牌点牌型组合为基础，以一阶高花开叫为基准进行设置的。

12. 联手牌点与成局定约的关系

上面已经提到，联手大牌点只需 37 点即可打成 7NT，而整副牌共 40 点，即有 3 点（3 个 J）是多余的。因此，本叫牌体系规定应叫人计算牌点时，一般是不计算 J 的，这样方便开叫人计算应叫人的牌点。

(1) 4 阶高花成局定约所需的大牌点：

一般靠将牌长套可得 1.5 墩，而 $10-1.5=8.5$，$2.85\times 8.5=24.2$（点），取 24 点。

(2) 3 阶无将成局定约所需的大牌点：

假定开叫人和应叫人都无 5 张套，第 4 张牌难以成为赢墩，即赢墩全靠大牌点，故：$2.85\times 9=25.65$（点），取 26 点。

(3) 5 阶低花成局定约所需的大牌点：

同上理由，将牌长套可得 1.5 墩，$11-1.5=9.5$，$2.85\times 9.5=27.07$（点），取 28 点。

(4) 有将小满贯定约所需的大牌点：

同上理由，将牌长套可得 1.5 墩，$12-1.5=10.5$，$2.85\times 10.5=29.9$（点），取 30 点。

(5) 有将牌的大满贯定约所需的大牌点：

同上理由，将牌长套可得 1.5 墩，$13-1.5=11.5$，$2.85\times 11.5=32.8$（点），取 33 点。

综合上述，可得：

4 阶高花成局所需大牌点：24 点；

3 阶无将成局所需大牌点：26 点；

5 阶低花成局所需大牌点：28 点；

6 阶有将小满贯所需大牌点：30 点；

7 阶有将大满贯所需大牌点：33 点。

记牢上述联手牌点与成局定约的关系，对战略上控制一局的走向是很有帮助的。

13．成局定约与联手牌点、牌型配合关系

上述联手牌点与成局定约的关系是在你和同伴都是一般牌型而且牌型配合也是一般的情况下得出的。如果你和同伴有一家是半特殊牌型，或者两家都是半特殊牌型而且配合较好的话，那么成局定约所需的点数可以减少；如果你和同伴都是平均牌型而且配合较差的话，那么成局定约所需的点数要增加，大致可参考下表：

成局定约所需牌点与联手牌型配合关系表　　表 6

定约名称＼所需牌点＼配合情况	较好	一般	较差
4 阶高花成局	22	24	26
3 阶无将成局	24	26	28
5 阶低花成局	26	28	30
6 阶有将小满贯	28	30	32
7 阶有将大满贯	31	33	35

（五）本叫牌体系的基本特征

本叫牌体系的基本特征是什么？是简单、准确。而简单、准确又通过以下四个方面表现出来：

1．整体优化

整体优化是本叫牌体系的出发点，也是归宿。整体优化又表现在：

（1）最大限度地发挥联手牌力的优势

联手牌力是打牌实力的客观物质基础。能否充分地发挥联手牌力的优势，将是各种叫牌体系的试金石。

对开叫来说，本叫牌体系规定，开叫方 5 点及以下的一般及半特殊牌型的牌不开叫，其概率为 14％左右；又规定 6～10 点中的平均牌型也不开叫，

其概率为10%左右。换句话说，开叫概率为76%以上。因此可以认为在你拿到的三手牌中有两手牌是可以开叫的。

对应叫来说，本叫牌体系规定，应叫方6点及以下且开叫方为非逼叫性开叫时才不应叫，其最大概率不超过10%，即应叫概率在90%以上。

由于最大限度地开叫和应叫，使得联手之间的牌力优势能充分地发掘出来，特别当联手牌点少但牌型配合很好时，既可争取完成某种定约，也可作牺牲叫，可以以较少的代价换取较大的利益。

(2) 叫品的设置及其含义服从整体优化的需要

本叫牌体系不是先从局部入手，设定一种牌型及其叫品，然后遇到不同的干扰，又用不同的约定叫品，搞来搞去变得既零乱又烦琐，难以适众。

本叫牌体系是从整体出发，充分研究了牌点、牌型的概率及其内在规律后，将牌点分为4个区间，将牌型分为4种套型，于是牌点套型的组合数为4×4=16（种），而一阶开叫叫品只有6个"Pass，1♣，1♦，1♥，1♠，1NT"。怎样才能做到用6个叫品来表示16种牌点、牌型组合呢？经过长时间的研究、推敲，最后找到了合理安排叫品的方法。

当你拿到一手牌时，你只要按你的牌点及套型在下表中对号入座，即可找到你要开叫的叫品。

一般牌型开叫叫品设置一览表 表7
（常见牌型＋少见牌型）

开叫叫品 \ 牌点 \ 牌型	强牌 16点及以点	较强牌 11～15点	较弱牌 6～10点	弱牌 5点及以下
1. 平均牌型	1♣	1♣或1NT	/	/
2. 单套牌型	单套任意牌型	单套任意牌型	单套5张套及以上牌型开叫后转参谋者	单套特殊牌型，开叫后不转参谋者
(1) 5张♠套	1♣	1♠	1♦	/
(2) 5张♥套	1♣	1♥	1♦	/

开叫叫品 牌点 牌型	强牌 16点及以点	较强牌 11~15点	较弱牌 6~10点	弱牌 5点及以下
(3) 5张◆套	1♣	1♣	1◆	/
(4) 5张♣套	1♣	1♣	1◆	/
(5) 6~7张某花色	1♣	1♣，1♥，1♠	2♣，2◆，2♥，2♠	/
3. 双套牌	1♣	1♣	1◆	1♣或/
4. 三套牌	1♣	1♣	1◆	/

应叫叫品的设置，见下面"点套共息"及有关章节。所有的牌点、牌型组合的开叫、应叫可参看第八章。

2. 单人决策

同伴之间一人决策，另一人为参谋，这是本叫牌体系的另一个基本特征。

概率论告诉我们：

第一位牌手拿到的牌有6千多亿种可能，即：

$$C_{52}^{13}=\frac{52!}{13!(52-13)!}=0.635\times10^{12}$$

第二位牌手拿到的牌有81亿种可能，即：

$$C_{39}^{13}=\frac{39!}{13!(39-13)!}=0.812\times10^{10}$$

第三位牌手拿到的牌有1千多万种可能，即：

$$C_{26}^{13}=\frac{26!}{13!(26-13)!}=0.104\times10^{8}$$

第四位牌手拿到的牌只有1种可能，即：

$$C_{13}^{13}=\frac{13!}{13!}=1$$

以第一位牌手为开叫人，他要向同伴（第三位牌手）传送的信息量是第三位牌手向第一位牌手传送的信息量的近80倍。由于信息通道的容量不足或敌方争叫、抢占信息通道，往往双向信息不能详细、充分地传送，以致在情况不太明确的情况下，双向谁都可以决策时，造成叫牌失误。为了增加信息

通道的容量，本叫牌体系采用单人决策，即把双向信息传递改为单向信息传递。显然，删去开叫人向应叫人传递信息是比较合理的。但桥牌叫牌规则规定，在敌方不争叫的情况下，开叫人不叫将可能导致停叫，为此开叫人大量地使用接力叫，既可节省信息通道容量又可使叫牌得以继续维持下去。

3. 点套共息

第一应叫采用点套共息的方法应叫，是本叫牌体系的第三个基本特征。

所谓点套共息，指的是应叫人的第一应叫既包含牌点的信息又包括牌型的信息。

这样设计的目的是，应叫方通过一两次应叫，就可以把自己的牌点、牌型告诉对方。即使敌方干扰无法细叫，但通过一两次叫牌便能从战略的高度分析叫牌的走势：该局牌该谁打，是否有足够的防守能力，是否采用牺牲叫等。

为此，本叫牌体系将应叫人（参谋人）的牌点分为 6 个层次：

3 点及以下，5±1，8±1，11±1，14±1，16 点及以上，其中 5±1 及以下是专门用以示弱的，16 点及以上专门用于示强性应叫。

将花色分为 6 个档+10 个级：

1♣、1♦（一阶低花档）→1♥、1♠（一阶高花档）→2♣、2♦（二阶低花档）→2♥、2♠（二阶高花档）→3♣、3♦（三阶低花档）→3♥、3♠→（三阶高花档）→4♣（四阶草花级）→4♦（四阶方块级）→4♥（四阶红桃级）→4♠（四阶黑桃级）→4NT（四阶无将级）→5♣（五阶草花级）→5♦（五阶方块级）→5♥（五阶红桃级）→5♠（五阶黑桃级）→5NT（五阶级无将级）。

第一应叫时，按应叫人的牌点 8±1，11±1，14±1，在开叫人叫品基础上（如敌方争叫，则在争叫人叫品的基础上）分别加一档（级）、二档（级）、三档（级）表示。

（1）平均牌、单套牌、双套牌第一应叫叫法举例如下：

①同伴开叫 1♣，你的牌是平均牌，牌点 8±1 点，则在 1♣叫品基础上加一档应叫，即在 1♥、1♠中选一门含有一张以上大牌（A、K、Q 中任一张，下同）的花色叫出，优先应叫带 Q 的三张套。

②同伴开叫 1♣，你的牌是单套牌，牌点 11±1 点，则在 1♣叫品的基础上的加二档应叫，即在 2♣、2♦中选一种含有一张以上大牌的花色叫出，优

先应叫带 Q 的三张套。

③同伴开叫 1♥，你的牌是双套牌，牌点 14±1 点，则在 1♥ 叫品的基础上加三档应叫，即在 3♣、3♦ 中选一种含有一张以上大牌的花色叫出，优先应叫带 Q 的三张套。

④同伴开叫 1♠，你的牌点是单套牌，牌点 16 点，则在 1♠ 叫品的基础上加四档应叫，即在 3♥、3♠ 中 选一种含有大牌的花色叫出，优先应叫带 Q 的三张套。此时，应叫者随即转为决策者，原开叫者转为参谋者。

⑤同伴开叫 1♣，你右边对方争叫 2♥，你的牌是单套牌，牌点 11±1 点，则在对方争叫 2♥ 叫品的基础上加二档，即在 3♥、3♠ 中选一种含有大牌的花色叫出，优先叫带 Q 的三张套。

⑥同伴开叫 1♠，你的右边对方争叫 3♥，你的牌是单套牌，牌点 14±1 点，则在对方争叫的 3♥ 叫品的基础上加三级，即应叫 4♥。

（2）三套牌的第一应叫的分档与上述不同，采用如下的分档方法：

6 点及以下，不叫。

7～10 点，应叫 1NT（即应叫同阶无将）。

11～15 点，应叫 2NT（即跳叫无将）。

16 点及以上，可按（1）中所述升四档应叫，随即转为决策者。

举例如下：

①同伴开叫 1♣，你的牌是三套牌，牌点 8 点，应叫 1NT。

②同伴开叫 1♥，你的牌是三套牌，牌点 12 点，应叫 2NT。

③同伴开叫 1♠，你右手对方争叫 2♦，你的牌是三套牌，9 点，应叫 2NT。

④同伴开叫 1♠，你右手对方争叫 2♥，你的牌是三套牌，14 点，应叫 3NT。

4．固定程序

开叫和应叫均按固定程序进行，这是本叫牌体系的第四个基本特征。

所谓固定程序是指开叫人第一叫叫什么，第二叫叫什么，第三叫叫什么……直到最后定约叫什么都按预先规定的固定不变的程序叫牌。同样，应叫人第一应叫叫什么，第二应叫叫什么，第三应叫叫什么……也是按预先规定的固定不变的程序应叫的。值得特别指出的是固定程序只是开叫、应叫的顺序固定，并不是叫品的固定。

按固定程序叫牌，这是经过多年反复研究、开发出来的叫牌方法，是本叫牌体系最重要、最突出的基本特征，也是本叫牌体系区别于其他叫牌体系的特征。

前面已经说过，第一家牌有 6 千多亿种，第三家有 1 千多万种。幸好，桥牌是"比大"的比赛，10 以下的小牌，你拿到 7 和 3 没有多大区别，而且小牌只有在张数多的情况下才可能起作用。这样一来，如果只考虑含有大牌的组合数，大约只有几千（种）。但要将这几千种牌的牌点、牌型通过有限的几次叫牌来表达清楚，仍然是十分困难的。采用固定程序叫牌，可以使这个困难得到解决。

固定程序叫牌的思路是这样的：将开叫人的牌点分为四个区间，应叫人的牌点也分为四个区间；将牌型分为四种套型，每一种套型中又选取一个有代表性的牌型作为该套的基本牌型，将其应叫的程序固定下来——称为基本程序，而同一套型中的其他牌型的应叫程序则从基本程序中衍生出来。

开叫人牌点区间分为四个区间：

16 点及以上；11～15 点；7～10 点；6 点及以下。

应叫人牌点也分为四个区间：

16 点及以上；7～15 点；4～6 点；3 点及以下。

牌型（不分开叫和应叫）一律分为四种套型：平均牌型；单套牌型；双套牌型；三套牌型。基本程序共有五个，它们是：开叫基本程序；平均牌型应叫基本程序；单套牌型应叫基本程序；双套牌型应叫基本程序；三套牌型应叫基本程序。

（1）开叫基本程序：

"0　1　1……　1　9"（简写为 01119）

（a）（b）（c）　　（d）（e）

式中：(a)：0（读零）——表示开叫叫品。根据你手中的牌点、牌型按表 7 选择某个叫品开叫，详见后面各章；

(b)：1——表示第一次接力叫，在前面最后叫品上加一级叫出，下同；

(c)：1——表示第二次接力叫；

(d)：1——表示第 n 次接力叫；

(e)：9——表示止叫。除满贯问叫外，任何成局叫均为止叫。除一阶、二队同阶叫出无将叫品不属止叫外，其他任何跳叫无将均属止叫。任何花色跳级叫也是止叫。

(2) 平均牌型应叫基本程序：其代表牌型为 4－4－3－2，其基本程序为"3　8　4　4　2"

(a) (b) (c) (d) (e)

式中：(a)：3——表示根据点套共息的要求，选 3 张（或 4 张及以上）含有大牌的花色套作第一应叫，优先叫含有 Q 的 3 张套；

(b)：8——表示没有 5 张及以上花色套的平均牌型，其对应叫品为 NT；

(c)：4——表示 4 张套中的最强套；

(d)：4——表示第二个 4 张套。如果牌型为 4－3－3－3，没有第二个 4 张套，则叫 NT 或重叫前面的叫品；

(e)：2——表示含有大牌的 2 张套，如果 2 张套中无大牌则重叫前面的叫品。

(3) 单套牌型应叫基本程序：其代表牌型为 5－4－3－1，其基本程序为"3　5　1　4　2"

(a) (b) (c) (d) (e)

式中：(a)：3——表示根据点套共息的要求，从 3 张或以上的花色中选一含有大牌的花色套作第一应叫。优先叫带 Q 的 3 张套；

(b)：5——表示 5 张套的花色，如果是 6～7 张套则跳叫该花色；

(c)：1——表示单张的花色，如果是缺门则跳叫该花色。如果没有单张花色则重叫前面叫过的花色或叫无将；

(d)：4——表示 4 张套的花色。如果没有 4 张套则重叫前面的花色或无将；

(e)：2——表示 2 张套的花色，如果没有则重叫前面的花色或无将。

(4) 双套牌型应叫基本程序：其代表牌型为 5－5－2－1，其基本程序为"3　5　1　5　2"

(a) (b) (c) (d) (e)

式中：(a) (b) (c) (e)——与单套牌含义相同。

(d)——表示第二个 5 张套花色，为了与单套牌"3 5 1 4 2"中的"4"有区别，此叫品要跳叫。有时候为了防止叫过头，也可以不跳叫，按单套牌叫。

(5) 三套牌型应叫基本程序：其代表牌型为 4－4－4－1，其基本应叫程

序为

"7 1 4 4 4"
(a)(b)(c)(d)(e)

式中：(a)：7——表示三套牌。对应叫品为NT。

三套牌的点套共息第一应叫与单套牌不同，只分为二个档次。第一应叫叫同阶无将表示7~10点，跳叫高一阶无将表示11~15点；

(b)：1——表示单张套花色。如果缺门则跳叫该花色套，此时为5-4-4-0牌型；

(c)：4——表示最强的4张套（或5张套）；

(d)：4——表示次强的4张套的花色；

(e)：4——表示有大牌的第三个4张套花色。如果第三个4张套无大牌时，重叫前面叫过的叫品或无将。

第一版、第二版叫牌基本程序对照表　　　　　　表8

	第一版			第二版		
名称	基本程序	对应叫品	名称	基本程序	对应叫品
开叫基本程序	开接…接止	开——开叫叫品 接——接力叫 止——止叫	开叫基本程序	01119	0——代表开叫叫品 1——接力叫 9——止叫
平均牌型应叫基本程序	3N442	N——叫品NT 其余叫品与第二版同	平均牌型应叫基本程序	38442	8——表示平均牌的数字，叫品NT。其余叫品按数字叫出对应花色
单套牌型应叫基本程序	35142	所有叫牌与第二版相同	单套型应叫基本程序	35142	按数字叫出对应花色

绪　论

	第一版		第二版	
双套牌型应叫基本程序	35152	所有叫牌与第二版相同	双套牌型应叫基本程序	35152	按数字叫出对应花色
三套牌型应叫基本程序	N1444	N—叫品NT 其余叫品与第二版相同	三套牌型应叫基本程序	71444	7—表示三套牌，叫品NT，其余按数字叫出对应花色
数字化程度	基本数字化		全数字化	

从上表可见，第二版实现了全数字化，与我们所处的"数字时代"相适应。

从基本程序衍生出来的其他牌型的应叫程序，将在后面各章节中再详细展开。

基本程序的应用举例如下：

绪例－1

同伴开叫叫品	你应叫叫品	你的牌情
1♠（开叫）	2♥（12点，升二档）	♠：97
2♠（接力叫）	2NT（平均牌型）	♥：KQJ6
3♣（接力叫）	3♥（红桃4张最强套）	♦：K1085
3♠（接力叫）	4♦（方块4张次强套）	♣：AJ2
5♦（止叫）	—（不叫）	
	应叫程序："38442"	平均牌

绪例－2

同伴开叫叫品	你应叫叫品	你的牌情
1♠（开叫）	2♥（10点，升二档）	♠：2
2♠（接力叫）	3♥（红桃5张，最强套）	♥：AQ1098
3NT（止叫）	—（不叫）	♦：A1075
		♣：J83
	应叫程序："35142"	单套牌

绪例－3

同伴开叫叫品	你应叫叫品	你的牌情
1♣（开叫）	2♣（10 点，升二档）	♠：A10832
2♦（接力叫）	3♣（草花 5 张）	♥：75
3♦（接力叫）	4♦（方块单张）	♦：3
4♠（止叫）	—（不叫）	♣：AQ753
	应叫程序："35152"	双套牌

绪例－4

同伴开叫叫品	你应叫叫品	你的牌情
1♥（开叫）	2NT（三套牌 11~15 点）	♠：AQ53
3♣（接力叫）	3♥（红桃单张）	♥：4
3NT（止叫）	—（不叫）	♦：AJ109
		♣：A1098
	应叫程序："71444"	三套牌

第一章 一阶高花（1♥、1♠）开叫及应叫

开叫条件：
牌点：11～15点；
牌型：红桃（或黑桃）5张及以上，至少要有1张大牌；
局况：任意。
　　一阶高花开叫是本叫牌体系叫品设置的基准。同理，一阶高花开叫后的应叫也具有代表性。因此，学习和掌握一阶高花的开叫及应叫是最基本、最具普遍性的开叫及应叫，对其他开叫及应叫起到触类旁通的作用。
　　一阶高花开叫的程序："01119"。
　　"止叫"的规定如下：
　　（1）任何成局叫均为止叫；
　　（2）未成局的任何花色隔一级及以上的跳叫均为止叫；
　　（3）在一阶、二阶的同阶范围内叫无将，不属止叫；但跳叫仍属止叫，比如你的同伴叫1♥，你叫1NT不属止叫，但如果你叫2NT则属止叫了。
　　（4）4NT问叫与止叫：
　　在同伴叫品（或右手对方叫品）上加四级及以上叫出4NT为止叫，比如你同伴叫到4♣，如果你想继续叫牌，你应用接力叫叫出4♦，而叫4NT，则此4NT表示止叫（4NT在4♣上加了四级），其余的4NT均为满贯问叫。
　　应叫条件：
牌点：7点及以上，其中又分为7～15点、16点及以上；
牌型：任意牌型；
局况：任意。
　　（1）当应叫人牌点为16点及以上时，第一应叫用点套共息升四档应叫后，随即转为决策者；原开叫人立即转为参谋者，按应叫的基本程序应叫。如果开叫人是特殊牌型也可以不转，继续用接力叫问叫，开叫人仍然是决

策者。

（2）当应叫人牌点为 6 点及以下时，一般不叫；如果是极特殊牌型（比如 9-3-1-0）也可以按（1）的方式应叫。

（3）当应叫人牌点为 7～15 点时，即 8±1，11±1，14±1 时（三套牌为 7～10 点，11～15 点），第一应叫按点套共息进行应叫，后续应叫（第二应叫，第三应叫，……）按套型应叫基本程序应叫，即：

单套牌应叫基本程序："35142"；
双套牌应叫基本程序："35152"；
平均牌应叫基本程序："38442"；
三套牌应叫基本程序："71444"。

由基本程序衍生的程序有 25 个，将在以后各章节中详细介绍。

第一节　应叫者为单套、双套牌型时的应叫

（一）单套牌型的应叫

单套牌的代表牌型是 5-4-3-1，其应叫基本程序为"35142"，程序的含义在绪论中已介绍过，这里不再重复。

单套牌的其他牌型的应叫程序是在基本程序"35142"的基础上衍生出来的，其表示方法是在基本程序的数字的头顶上加符号"+"或"-"即可。"+"表示跳叫；"-"表示不含该数字对应的花色套，用叫品 NT 或前面叫过的叫品表示。"+"为跳叫符号，规定如下：长套跳叫表示更长，短套跳叫表示更短。比如：

$\overset{+}{5}$——表示 6～7 张；

$\overset{++}{5}$——表示 8～9 张；

$\overset{+}{2}$——表示 1 张；

$\overset{+}{1}$——表示 0 张，即缺门。

单套牌的应叫基本程序及其衍生程序一览表   表9

代表牌型 5-4-3-1，其应叫基本程序："35142"。

牌型	程序	牌型	程序
5-3-3-2	"3 5 1̄ 4̄ 2"	7-4-1-1	"3⁺ 5 1 4 2⁺"
5-4-2-2	"3 5 1̄ 4 2"	7-4-2-0	"3⁺ 5 1 4 2"
6-3-2-2	"3⁺ 5 1̄ 4 2"	7-3-3-0	"3⁺ 5 1̄ 4̄ 2"
6-4-2-1	"3⁺ 5 1 4 2"	8-2-2-1	"3⁺⁺ 5 1 4̄ 2"
6-3-3-1	"3⁺ 5 1̄ 4̄ 2"	8-3-1-1	"3⁺⁺ 5 1 4 2"
6-4-3-0	"3⁺ 5 1 4̄ 2"	8-3-2-0	"3⁺⁺ 5 1 4̄ 2"
7-3-2-1	"3⁺ 5 1̄ 4 2"	8-4-1-0	"3⁺⁺ 5 1 4⁺ 2"
7-2-2-2	"3⁺ 5 1̄ 4 2"	9-2-1-1	"3⁺⁺ 5 1 4̄ 2"

其实，你只要记住单套牌的应叫基本程序"35142"及"+""−"的含义即可，其他衍生程序根本不用记，当你拿到一手单套牌时，自然而然地就可以叫出各种衍生程序的叫品来的。

例 1-1

同伴开叫	你应叫	你的牌情
1♥（开叫）	2♠（12点，升二档）	♠：AJ1054
2NT（接力叫）	3♠（黑桃5张）	♥：976
4♥（止叫）	—（不叫）	♦：Q108
		♣：AQ

例 1-2

同伴开叫	你应叫	你的牌情
1♥（开叫）	2♠（12点，升二档）	♠：AKJ108

2NT（接力叫）	3♠（黑桃5张）	♥：3
4♣（接力叫）	4♥（红桃单张）	♦：K654
4♠（止叫）	—（不叫）	♣：Q96

例1-3

同伴开叫	你应叫	你的牌情
1♣（16点以上）	2♣（12点，升二档）	♠：—
2♦（接力叫）	4♦（方块6~7张，跳叫）	♥：A84
4♥（接力叫）	5♠（黑桃缺门，跳叫）	♦：KQ10987
5NT（满贯问叫）	6♦（一个A）	♣：K1098
7NT（止叫）	—（不叫）	

例1-4

同伴开叫	你应叫	你的牌情
1♠（开叫）	2♣（9点，升一档）	♠：1093
2♦（接力叫）	3♥（6~7张，跳叫）	♥：KQJ10987
3♠（接力叫）	4♦（方块单张）	♦：6
4NT（满贯问叫）	5♦（一个A）	♣：A10
6♥（止叫）	—（不叫）	

（二）双套牌型的应叫

双套牌的代表牌型是5-5-2-1，其应叫的基本程序为"35152"，但根据上节所述，亦可以写成"3514 2"，"4"表示5~6张套。双套牌其他牌型的应叫程序也是由基本程序衍生出来的，你只要记住基本程序即可。

第一章 一阶高花（1♥、1♠）开叫及应叫

双套牌的应叫基本程序及其衍生程序一览表　　　　表 10

代表牌型：5-5-2-1，其应叫基本程序："3 5 1 4̇ 2"。

牌　型	应叫衍生程序	牌　型	应叫衍生程序
5-5-3-0	"3̇ 5̇ 1̇ 4 2̇"	6-6-1-0	"3̇ 5̇ 1̇ 4̇ 2̇"
6-5-1-1	"3̇ 5̇ 1 4̇ 2̇"	7-6-0-0	"3̇ 5̇ 1̇ 4̇ 2̇"
6-5-2-0	"3̇ 5̇ 1 4̇ 2"	8-5-0-0	"3̇ 5̇ 1̇ 4̇ 2̇"
7-5-1-0	"3̇ 5̇ 1̇ 4̇ 2"		

从上表可见，双套牌除 5-5-2-1 外，全部都是特殊牌型，要把这些牌型表达清楚须占去很多信息通道，这个问题如何解决，详见第六章"特殊牌型的开叫及应叫"。

例 1-5

同伴开叫	你应叫	你的牌情
1♠（开叫）	2♥（11 点，升二档）	♠：AJ1098
2♠（接力叫）	3♠（黑桃 5 张）	♥：K9876
4♣（接力叫）	4♥（防止叫冒，按无单张叫）	♦：A2
4♠（止叫）	—（不叫）	♣：5

例 1-6

同伴开叫	你应叫	你的牌情
1♣（平均牌型）	2♦（12 点，升二档）	♠：AJ654
2♥（接力叫）	3♥（本应跳叫，按 5 张）	♥：KQ10987
3♠（接力叫）	5♣（跳叫，草花缺门）	♦：K6
6♥（止叫）	—（不叫）	♣：—

例 1-7

同伴开叫	你应叫	你的牌情

31

1♠（开叫）	2♦（9点，升一档）	♠：—
2♥（接力叫）	3♦（方块5张）	♥：765
3♥（接力叫）	4♠（黑桃缺门）	♦：AK1098
5♦（止叫）	—（不叫）	♣：Q10987

例 1-8

同伴开叫	你应叫	你的牌情
1♣（草花5张）	1♠（点不够，牌型好，升一档）	♠：A6543
2♣（接力叫）	3♥（红桃6~7张，跳叫）	♥：987654
3♠（接力叫）	4♦（方块单张）	♦：2
4♥（止叫）	—（不叫）	♣：3

第二节　应叫者为平均牌型时的应叫

平均牌的代表牌型是 4-4-3-2，其应叫基本程序为"38442"，程序的含义在绪论中已介绍过。由于平均牌型只有两种牌型，另一牌型是 4-3-3-3，故其衍生程序只有一个，即"38$\overline{4}$ $\overline{4}$ $\overline{2}$"。

式中：3——表示第一应叫按点套共息要求，从 3~4 张套中选含有 1 张大牌的花色叫出，优先叫含 Q 的 3 张套；

8——表示没有 5 张套，表示平均牌型的数字，叫品为 NT；

4——表示 4 张花色强套；

$\overline{4}$——表示没有第二个 4 张套，叫品为 NT 或重叫前面的叫品；

$\overline{2}$——表示没有 2 张套，重叫前面的叫品。如叫出的是新花色，则表示该花色为带 1 张大牌的 3 张套。

例 1-9

| 同伴开叫 | 你应叫 | 你的牌情 |
| 1♥（开叫） | —（不叫，6点及以下） | ♠：10874 |

第一章 一阶高花（1♥、1♠）开叫及应叫

♥：932
♦：Q6
♣：A1073

例 1-10

同伴开叫	你应叫	你的牌情
1♥（开叫）	2♦（9点，升一档）	♠：Q96
2♥（接力叫）	2NT（平均牌型）	♥：K105
3♣（接力叫）	4♣（草花4张）	♦：A87
4♥（止叫）	—（不叫）	♣：10975

例 1-11

同伴开叫	你应叫	你的牌情
1♠（开叫）	2♠（10点，升二档）	♠：Q52
2NT（接力叫）	3NT（平均牌）	♥：J9
4♣（接力叫）	4♦（方块4张）	♦：A765
4♠（止叫）	—（不叫）	♣：AJ109

例 1-12

同伴开叫	你应叫	你的牌情
1♥（开叫）	3♦（15点，升三档）	♠：A107
3♥（接力叫）	3NT（平均牌型）	♥：Q85
4♣（接力叫）	4♦（草花不能叫了，叫方块）	♦：A96
4♥（止叫）	—（不叫）	♣：KQ103

第三节　应叫者为三套牌型时的应叫

　　三套牌的代表牌型是 4-4-4-1，其应叫基本程序为"71444"，程序的含义在绪论中已介绍过。由于三套牌只有两种牌型，另一牌型是 5-4-4-0，故其衍生程序只有一个，即"7$\overset{+}{1}$444"。

33

式中：7——表示三套牌，其点套共息第一应叫分为两档，1NT 表示 7～10 点；2NT 表示 11～15 点；

$\overset{+}{1}$——表示该花色为缺门，跳叫；

4——表示 5 张套，因前一叫品已跳叫，牌型为 5－4－4－0，故这里不用再跳叫；

4——表示较强的 4 张套花色；

4——表示有大牌的第二个 4 张套，如无大牌，则重叫前面的叫品。

例 1－13

同伴开叫	你应叫	你的牌情
1♠（开叫）	2NT（11～15 点，升二档）	♠：A765
3♣（接力叫）	3♥（红桃单张）	♥：2
3♠（接力叫）	4♦（方块 4 张）	♦：KQJ10
4♠（止叫）	——（不叫）	♣：QJ108

例 1－14

同伴开叫	你应叫	你的牌情
1♣（16 点以上）	1NT（9 点，升一档）	♠：5
2♣（接力叫）	2♠（黑桃单张）	♥：A1098
2NT（接力叫）	3♦（方块 4 张）	♦：KJ107
3NT（止叫）	——（不叫）	♣：Q1098

例 1－15

同伴开叫	你应叫	你的牌情
1♥（开叫）	1NT（9 点，升一档）	♠：—
2♣（接力叫）	3♠（黑桃缺门，跳叫）	♥：J1053
4♣（接力叫）	4♦（方块 5 张）	♦：AQ965
4♥（止叫）	——（不叫）	♣：KJ82

例 1－16

同伴开叫	你应叫	你的牌情

1♣ （平均牌）	2NT（14点，升二档）	♠：AK109
3♣ （接力叫）	4♣（本应跳叫，但怕叫过头，这里按单张叫）	♥：KQ876
		♦：Q1098
4♥ （止叫）	—（不叫）	♣：—

第四节　满贯问叫

满贯问叫的目的是决策者问清参谋者的大牌，特别是 A 和 K 的个数和位置，以便根据联手的牌力决定可否打小满贯（6 阶定约）或大满贯（7 阶定约），打花色定约还是无将定约。由于本叫牌体系点套共息的第一应叫中要优先叫带 Q 的三张套，所以一般不用问 Q，Q 的个数由下式决定。Q 的个数 = $\dfrac{\text{参谋者总点数} - 4 \times A \text{ 的个数} - 3 \times K \text{ 的个数}}{2}$。但有些牌例，尤其是大满贯，要准确了解 Q 的个数和它的位置，这时有必要问 Q。为此，本叫牌体系的满贯问叫采用两种形式。

（一）A、K 问叫

（1）决策者用 4NT 问 A，注意在前一个叫品加 3 级及以下的 4NT 才是满贯问叫，其他情况的 4NT 是止叫。决策者用 4NT 问 A 后参谋者答叫如下：

5♣——无 A 或 3 个 A；

5♦——1 个 A 或 4 个 A；

5♥——贴邻的 2 个 A；

5♠——相隔的 2 个 A。

决策者继续用 5NT 问 K，参谋者答叫如下：

6♣——无 K 或 3 个 K；

6♦——1 个 K 或 4 个 K；

6H——贴邻的 2 个 K；

6♠——相隔的 2 个 K。

（2）有时候，因叫牌的需要，参谋者先叫出 4NT，此时决策者改用 5♣

问 A，参谋者加级答叫如下：

5◆——无 A 或 3 个 A；

5♥——1 个 A 或 4 个 A；

5♠——贴邻的 2 个 A；

5NT——相隔的 2 个 A。

显然，答叫 A、K 的口诀为："零三、一四、贴、跳。"

（二）A、K、Q 问叫

有些牌，比如同伴双方都是高牌点的平均牌型，而且两手牌型之和为 7－7－6－6 或 7－7－7－5，这时靠长套赢墩的可能性很小，主要靠大牌赢墩，特别是想打大满贯时，Q 就显得很重要了。另外示弱性开叫及二阶以上的开叫，牌点范围为 7~10 点，跨度较大，点数难以精准表达，此时，决策者如想打大满贯，也需要问 Q。

本叫牌体系问 Q 的方法如下：

决策者用 4NT 问 A 后，在参谋者答叫叫品的基础上作接力叫，表示继续问 K；参谋者按"零三、一四、贴、跳"的办法在决策人接力叫品基础上加级表示 K 的个数和位置；接着决策人再用接力叫叫品，则表示继续问 Q，参谋者仍按"零三、一四、贴、跳"加级的办法答叫 Q 的个数和位置。此后决策者再叫则为止叫。

"零三"——在决策者接力叫叫品上加 1 级，表示没有 K（或 Q）或 3 个 K（或 Q）；

"一四"——在决策者接力叫叫品上加 2 级，表示有 1 个 K（或 Q）或 4 个 K（或 Q）；

"贴"——在决策者接力叫叫品上加 3 级，表示有 2 个贴邻的 K（或 Q）；

"跳"——在决策者接力叫叫品上加 4 级，表示有 2 个相隔的 K（或 Q）。

有一种情况，可以用扣叫参谋者的单张或缺门来表示问 Q。那是在决策者用 4NT 问 A 后，参谋者答叫 A 后，决策者再扣叫参谋者的单张或缺门时，表示不问 K 而直接问 Q，参谋者仍按"零三、一四、贴、跳"方式加级答叫。

例 1-17

南发牌　南北有局

- ♠ 10 8 4
- ♥ A 6 5 4 3
- ♦ 5 4
- ♣ 10 9 8

- ♠ A Q J 9 2
- ♥ Q
- ♦ Q J 10 8
- ♣ Q J 4

叫牌过程

南	北
1♠	—
—	

注：此后所有例子的东、南、西、北均如左图所示，即如图所示方向。

叫牌信息语义

　　　　　南　　　　　　　　　　　　　　北

①1♠：11～15点，5张黑桃。　　　—：6点以下，不叫。

②—：同伴6点以下，不可再叫。

例 1-18

北发牌　东西有局

- ♠ 10 8 6
- ♥ A K J 7 6
- ♦ K 4
- ♣ A 10 6

叫牌过程

北	南
1♥	2♦
2♥	3♦
3♥	3NT
4♣	4♥
—	

- ♠ 9 3
- ♥ Q 7 4 3
- ♦ A J 10 7 6
- ♣ 9 8

叫牌信息语义

北

① 1♥：11~15 点，红桃 5 张。

② 2♥：接力叫。

③ 3♥：接力叫。

④ 4♣：接力叫。

⑤ —：不叫。估计同伴 8 点左右，牌型 5-4-2-2 或 5-3-3-2，红桃 4 张或 3 张带一张大牌，可勉强打 4♥。

南

2♦：7 点左右，方块有 1 张大牌，应叫程序："35142"。

3♦：方块 5 张。

3NT：没有单张。

4♥：红桃 4 张或 3 张带 1 张大牌。

第一章 一阶高花（1♥、1♠）开叫及应叫

例 1-19

北发牌　南北有局

♠ A K Q 9 7
♥ 7 6 5
♦ J 10 7
♣ A 4

```
    北
西      东
    南
```

♠ 8 5 2
♥ K 8 4
♦ K Q 9 5 3
♣ Q 7

叫牌过程

北	南
1♠	2♥
2♠	3♦
3♥	3NT
4♣	4♦
4♠	—

叫牌信息语义

北

①1♠：11～15点，黑桃5张。

②2♠：接力叫。

③3♥：接力叫。

④4♣：接力叫。

⑤4♠：估计同伴10点左右，方块有1～2张大牌，红桃有1张大牌，可打4♠。

南

2♥：10点左右，红桃有1张大牌，应叫程序："35142"。

3♦：方块5张，至少有1张大牌。

3NT：没有单张。

4♦：重叫前面叫品，没有4张套。

—：不叫。

例 1-20

南发牌　东西有局

♠ A J
♥ K 10 8 4 3
♦ K 10 8 5 2
♣ 3

♠ Q 8 4 2
♥ A Q J 9 6
♦ Q 7
♣ A 2

叫牌过程

南	北
1♥	2♠
3♣	3♥
3♠	4♣
4♦	4♥
—	

叫牌信息语义

南

①1♥：11~15点，红桃5张。

②3♣：接力叫。

③3♠：接力叫。

④4♦：接力叫。

⑤—：不叫。估计同伴10点左右。牌型35142，红桃5张，草花单张，可打4♥。

北

2♠：10点左右，黑桃有1张大牌，双套牌应叫程序："35152"。

3♥：红桃5张，有1张大牌。

4♣：草花单张。

4♥：不能叫方块了，只能再叫红桃。应叫程序改为"35142"。

第一章 一阶高花（1♥、1♠）开叫及应叫

例 1-21

南发牌　南北有局

♠ Q 6 4 3 2
♥ Q 9 7
♦ A 6 5 4 2
♣ —

♠ K J 10 8 7
♥ A K 10 8
♦ 10
♣ Q 9 7

叫牌过程

南	北
1♠	2♦
2♥	2♠
2NT	4♣
4♦	4♥
4♠	—

叫牌信息语义

南

①1♠：11～15 点，黑桃 5 张。

②2♥：接力叫。

③2NT：接力叫。

④4♦：接力叫。

⑤4♠：止叫。同伴 8 点左右，双套牌，黑桃、方块各 5 张，都有大牌，草花缺门，可打 4♠。

⑥—：不叫。

北

2♦：8 点方块有 1 张大牌，双套牌，应叫程序："3 5 1 4 2"。

2♠：黑桃 5 张，有 1 张大牌。

4♣：草花缺门，跳叫。

4♥：红桃 3 张带 1 张大牌。

—：不叫。

例1-22

南发牌　东西有局

♠ J 10 2
♥ A 9 2
♦ K 8 3
♣ 10 9 6 2

♠ 6
♥ K Q 10 5 3
♦ A 8 4
♣ K Q J 7

叫牌过程

南	北
1♥	2♦
2♥	2NT
3♣	3♥
4♥	—
—	

叫牌信息语义

南

①1♥：11~15点，红桃5张。

②2♥：接力叫。

③3♣：接力叫。

④4♥：止叫。同伴8点左右，平均牌型4-3-3-3（或4-4-3-2），方块、红桃各有1张大牌。红桃4张或3张带1张大牌。可打4♥。

⑤—：不叫。

北

2♦：8点左右，方块有1张大牌，平均牌型，应叫程序："38442"。

2NT：平均牌型。

3♥：红桃4张或3张带1张大牌。

—：不叫。

例 1-23

南发牌　南北有局

- ♠ 10 9 6 2
- ♥ 9 7 3
- ♦ Q J 5 4
- ♣ A 2

- ♠ 7 3
- ♥ A K 10 5 2
- ♦ 10 9 7
- ♣ K Q 10

叫牌过程

南	北
1♥	2♣
2♦	2NT
3♥	—

叫牌信息语义

南

① 1♥：11～15点，红桃5张。

② 2♦：接力叫。

③ 3♥：止叫。跳叫为止叫。同伴8点左右，平均牌型，难以成局，只好打3♥。

④ —：不叫。

北

2♣：8点左右，草花有1张大牌，平均牌型，应叫程序："38442"。

2NT：平均牌型。

—：不叫。

例 1-24

南发牌　东西有局

♠ Q 10 9 4
♥ K 9 6
♦ Q 2
♣ K 5 4 3

```
    北
西      东
    南
```

♠ J 6
♥ A J 8 4 3
♦ A J 6
♣ A 9 7

叫牌过程

南	北
1♥	2♥
2♠	2NT
3♣	4♣
4♥	—
—	

叫牌信息语义

南

①1♥：11～15点，红桃5张。

②2♠：接力叫。

③3♣：接力叫。

④4♥：止叫。估计同伴11点左右，平均牌型，红桃草花各有1张大牌，黑桃、方块中也会有大牌。可打4♥。

⑤—：不叫。

北

2♥：11点左右，红桃有1张大牌，平均牌型，应叫程序："38442"。

2NT：平均牌型。

4♣：草花4张，有1张大牌。

—：不叫。

例 1-25

南发牌　南北有局

♠ A 3
♥ K 10 5 4
♦ Q J 9 4
♣ J 8 6

♠ K Q J 9 5 4
♥ A
♦ 10 8 3
♣ A 9 2

叫牌过程

南	北
1♠	2♦
2♥	2NT
3♣	3♥
3♠	4♠
—	—

叫牌信息语义

南

①1♠：11~15 点，黑桃 5 张。

②2♥：接力叫。

③3♣：接力叫。

④3♠：接力叫。

⑤—：不叫，同伴 8 点左右，平均牌型、方块、红桃、黑桃各有 1 张大牌，可打 4♠。

北

2♦：8 点左右，方块有 1 张大牌。平均牌型，应叫程序："38442"。

2NT：平均牌型。

3♥：红桃 4 张，有 1 张大牌。

4♠：黑桃至少 2 张且有 1 张大牌。

—：不叫。

例 1－26

南发牌　双方有局

♠ J 10 5 4
♥ 10 8 3 2
♦ —
♣ A K Q 8 4

叫牌过程

南	北
1♠	1NT
2♣	3♦
3♥	4♣
4♠	—
—	

♠ A K Q 3 2
♥ J 9 7
♦ Q J 6
♣ J 2

叫牌信息语义

南

① 1♠：11～15 点，黑桃 5 张。

② 2♣：接力叫。

③ 3♥：接力叫。

④ 4♠：止叫。同伴 7～10 点，三套牌，方块缺门。红桃输 3 墩，别的不输，可打 4♠。

⑤ —：不叫。

北

1NT：7～10 点，三套牌，应叫程序 + "7 1 4 4 4"。

3♦：方块缺门，跳叫。

4♣：草花 5 张，至少 1 张大牌。

—：不叫。

第一章 一阶高花（1♥、1♠）开叫及应叫

例 1-27

北发牌　双方有局

♠ A 5 4
♥ K Q 10 9 7
♦ 10 3
♣ A Q 3

♠ 4
♥ A J 8 3
♦ Q 6 5 4
♣ K 10 8 5

叫牌过程

北	南
1♥	1NT
2♣	2♠
2NT	3♥
3♠	4♣
4♥	—

叫牌信息语义

北

①1♥：11~15点，红桃5张。

②2♣：接力叫。

③2NT：接力叫。

④3♠：接力叫。

⑤4♥：止叫。同伴7~10点，三套牌。黑桃单张，其余3种花色均有大牌。可打4♥。

⑥—：不叫。

南

1NT：7~10点，三套牌，应叫程序："71444"。

2♠：黑桃单张。

3♥：红桃4张，有1张大牌。

4♣：草花4张，有1张大牌。

—：不叫。

例1-28

北发牌　南北有局

♠ 10 6
♥ A Q 6 5 2
♦ Q 10 8 3
♣ A 6

```
      北
  西      东
      南
```

♠ A Q 7 3
♥ J
♦ K J 6 4
♣ Q J 10 8

叫牌过程

北	南
1♥	2NT
3♣	3♥
3NT	—
—	

叫牌信息语义

北

①1♥：11～15点，红桃5张。

②3♣：接力叫。

③3NT：止叫。同伴11～15点，三套牌。除红桃外，其他三门花色均可能有大牌。低花难以成局，勉强打3NT。

④—：不叫。

南

2NT：11～15点，三套牌，应叫程序："71444"。

3♥：红桃单张。

—：不叫。

第一章 一阶高花（1♥、1♠）开叫及应叫

例 1-29

南发牌　南北有局

♠ K 3
♥ —
♦ K Q 7 3 2
♣ 9 7 6 5 4 3

	北	
西		东
	南	

♠ A 6 2
♥ A 8 7 4 2
♦ J
♣ A K Q 10

叫牌过程

南	北
1♥	2♦
2♥	4♣
4♦	4♥
4NT	5♣
6♣	—

叫牌信息语义

南

①1♥：11点以上，红桃5张。

②2♥：接力叫。

③4♦：接力叫。

④4NT：问A。

⑤6♣：止叫，同伴8点左右，牌型6张套。可能是6-4-2-1或6-3-3-1，可打6♣。

⑥—：不叫。

北

2♦：8点左右，双套牌。应叫程序："35152"。

4♣：草花6张。跳叫。

4♥：缺门应跳叫，但怕叫过头，故按单张叫。

5♣：没有A。

—：不叫。

例 1-30

南发牌　东西有局

♠ Q 10 9 4
♥ A
♦ A 9 8
♣ A K 6 3 2

```
    北
西      东
    南
```

♠ A K 8 6 5 3
♥ K 7 5
♦ K 4 2
♣ 5

叫牌过程

南	北
1♠	3♥
4♣	4♦
4♥	4NT
5♣	5NT
6♦	6♠
—	—

叫牌信息语义

南

① 1♠：11~15 点，黑桃 5 张。

② 4♣：转参谋者，应叫程序："35142"，前面 1♠ 已经表明黑桃为 5 张，故此处叫单张。

③ 4♥：红桃 4 张或 3 张带 1 张大牌。

④ 5♣：3 个 A。

⑤ 6♦：1 个 K。

⑥ —：不叫。

北

3♥：16 点以上，升四档，转决策者。

4♦：接力叫。

4NT：问 A。

5NT：问 K。

6♠：止叫。同伴 11~15 点，单套牌。有 1 个 A，3 个 K。至少可以打小满贯。

—：不叫。

例 1-31

南发牌　双方无局

- ♠ Q 4 3 2
- ♥ A K Q J 10
- ♦ 7
- ♣ 10 7 3

♠ A K 9 8 6
♥ 7 3
♦ K J 6 5
♣ A K

叫牌过程

南	北
1♠	2♠
3♣	3♥
3♠	4♦
4NT	5♦
5NT	6♦
6♠	—

叫牌信息语义

南

①1♠：11~15 点，黑桃 5 张。

②3♣：接力叫。

③3♠：接力叫。

④4NT：问 A。

⑤5NT：问 K。

⑥6♠：止叫，同伴 11 点左右，单套牌，方块单张，黑桃至少 3 张。可打 6♠。

⑦—：不叫。

北

2♠：11 点左右，升二档。单套牌，应叫程序："35142"。

3♥：红桃 5 张。

4♦：方块单张。

5♦：1 个 A。

6♦：1 个 K。

—：不叫。

例 1-32

南发牌　双方有局

♠ Q J 7 4
♥ Q 10 8 3
♦ Q J 6 4
♣ A

♠ A K 9 8 5
♥ A K J 6
♦ A K 5
♣ 2

叫牌过程

南	北
1♠	1NT
2♣	3♣
3♦	3♠
4♣	4♦
4NT	5♦
6♣	6♦
7NT	—
—	

叫牌信息语义

南

① 1♠：11~15 点或以上，黑桃 5 张。

② 2♣：接力叫。

③ 3♦：接力叫。

④ 4♣：接力叫。

⑤ 4NT：问 A。

⑥ 6♣：不需要问 K，故扣叫参谋者单张，表示问 Q。

⑦ 7NT：止叫。同伴有草花 A，其他三门花色均有 Q，可数得 13 张墩，故打大满贯。

⑧ —：不叫。

北

1NT：10 点左右，三套牌，应叫程序："71444"。

3♣：草花单张。

3♠：黑桃 4 张带 1 张大牌。

4♦：方块 4 张带 1 张大牌。

5♦：1 个 A。

6♦：3 个 Q。

—：不叫。

第二章　1♣多义叫

开叫牌点：11~15 点；16 点及以上的强牌。

牌型：①草花（或方块）5 张及以上，至少有 1 张大牌；

②任意牌型：必须 16 点及以上强牌；

③部分半特殊牌型：含有 6 张及以上的单套牌或双套牌。

局况：任意。

绪论中已经提过，牌点分为 4 个区间，牌型分为 4 种套型后，牌点牌型的组合数为 16，而一阶开叫叫品只有 6 个：Pass、1♣、1♦、1♥、1♠、1NT。其中 Pass、1♦、1♥、1♠、1NT 5 个叫品都是单义的，剩下的牌点牌型组合一律开叫 1♣，形成了 1♣多义叫。由于 1♣多义叫中包括了 16 点及以上的强牌，因此 1♣开叫是逼叫性开叫，即同伴不管牌点多少，牌型如何都必须应叫（指在敌方不争叫的情况下）。

第一节　一阶低花（1♦、1♣）的开叫及应叫

开叫条件：

牌点：11~15 点；

牌型：5 张及以上的草花套（或方块套）；

局况：任意。

值得强调的是，5 张方块套不开叫 1♦而是开叫 1♣，因为本叫牌体系的叫品设置是从整体出发的，规定开叫 1♦是 5 张套的示弱性开叫，这也是本叫牌体系的特点之一。

应叫条件：

牌点：任意，但16点以上可转为决策方；

牌型：任意牌型；

局况：任意。

应叫时，有两点需要着重说明的。

第一，示弱性应叫表示法：

由于1♣开叫是逼叫性开叫，应叫方不管牌点多少、牌型如何都必须应叫。应叫方牌点7~15点时，应叫方法与一阶高花的应叫是一样的。6点及以下如何应叫呢？4~6点在开叫叫品1♣上加一级，即应叫1♦；0~3点，则两次在开叫人叫品的基础上加一级，比如开叫1♣，你应叫1♦，开叫人接力叫1♥，你再叫1♠就表示0~3点。在敌方争叫后的叫法参看第七章。

第二，示强性应叫（16点及以上）表示法：

在一阶高花开叫及应叫中，应叫方持16点及以上时，升四档应叫后一律随即转为决策者，因为开叫人最多只有15点，他随即转为参谋者。由于1♣开叫中既包括16点及以上的牌，也包括特殊牌型的牌，在应叫人持16点及以上升四档应叫后，如果开叫人继续用接力叫叫品时，表示开叫人仍为决策者，应叫人仍为参谋者，继续应叫；如果开叫人叫出的非接力叫的花色叫品时，表示开叫人已同意转为参谋者，按套型应叫，而原应叫人随即转为决策者，用接力叫继续问叫。

1♣的开叫及应叫程序与一阶高花开叫及应叫程序一样，这里不再赘述。只是重提一下基本开叫、应叫程序：

A. 开叫基本程序："01119"。

B. 单套牌应叫基本程序："35142"。

C. 双套牌应叫基本程序："351$\overset{+}{4}$2"。

D. 平均牌应叫基本程序："38442"。

E. 三套牌应叫基本程序："71444"。

例 2-1-1

南发牌　南北有局

- ♠ Q 10
- ♥ A 8 3 2
- ♦ 7 6 5
- ♣ Q 9 5 2

- ♠ A 7 6
- ♥ 10 7
- ♦ K 8 4
- ♣ A K J 7 3

叫牌过程

南	北
1♣	1♥
1♠	1NT
—	—

叫牌信息语义

南

①1♣：11~15点，草花5张。

②1♠：接力叫。

③—：同伴8点左右，平均牌型，只好打1NT。

北

1♥：8点左右，平均牌型。红桃3张及以上，带1张大牌。应叫程序："38442"。

1NT：平均牌型。

—：不叫。

例 2-1-2

南发牌　东西有局

♠ A 9
♥ A 9 8 7 6 5
♦ J 9 7
♣ 9 4

```
    北
西      东
    南
```

♠ 8 7
♥ K Q
♦ A Q 10 8 6
♣ A 10 8 6

叫牌过程

南	北
1♣	1♠
1NT	3♥
3♠	3NT
4♥	—
—	

叫牌信息语义

南

①1♣：11～15 点，方块 5 张。

②1NT：接力叫。

③3♠：接力叫。

④4♥：止叫。同伴 8 点左右，红桃 6 张及以上，有 A。没有单张。除红桃外，其余花色还会有 1 张 A（或 K）。牌型 6322，可打 4♥。

⑤—：不叫。

北

1♠：8±1 点，升一档应叫，单套牌，应叫程序："3 5 1 4 2"。

3♥：红桃 6～7 张，有 1 张大牌，跳叫。

3NT：没有单张。

—：不叫。

第二章 1♣多义叫

例2-1-3

南发牌　双方有局

- ♠ A Q 5 3
- ♥ 10 7 6
- ♦ K Q J
- ♣ Q 3 2

- ♠ 4
- ♥ A J 8 2
- ♦ A 10 7
- ♣ K 7 6 5 4

叫牌过程

南	北
1♣	2♠
2NT	3NT
—	—

叫牌信息语义

南

①1♣：11~15点，草花5张。

②2NT：接力叫。

③—：止叫，同意打3NT。同伴14点左右，联手26点左右。黑桃有1张大牌，其他三门花色中，至少两门花色还有大牌，可打3NT。

北

2♠：14±1点，黑桃3张以上带1张大牌。平均牌，应叫程序："38442"。

3NT：平均牌型。

—：不叫。

例2-1-4

北发牌　双方无局

♠ A K 8 4
♥ 3
♦ A Q J 9 4 3
♣ 6 3

♠ 10 7 6
♥ 8 5 4 2
♦ K 2
♣ A K 8 4

叫牌过程

北	南
1♣	2♦
2♥	2NT
3♣	4♣
4♦	4♥
5♦	—
—	

叫牌信息语义

北

①1♣：11～15点，5张低花套。

②2♥：接力叫。

③3♣：接力叫。

④4♦：接力叫。

⑤5♦：止叫。同伴11点左右，平牌牌型。草花、方块均有大牌。可打5♦。

⑥—：不叫。

南

2♦：11±1点，升二档应叫，方块2张以上且有1张大牌。应叫程序："38442"。

2NT：平均牌型。

4♣：草花4张，至少有1张大牌。

4♥：红桃4张。

—：不叫。

例 2-1-5

南发牌　南北有局

- ♠ 10
- ♥ K 10 6
- ♦ 9 6 5 2
- ♣ K 10 9 8 4

```
  北
西　东
  南
```

- ♠ Q J 6 4
- ♥ 9 5
- ♦ A K Q 8 7
- ♣ Q 3

叫牌过程	
南	北
1♣	1♦
2♦	—
—	

叫牌信息语义

南

①1♣：11～15 点，5 张低花套。

②2♦：止叫。同伴 6 点及以下，常规牌型下难以成局，只好跳叫止叫。

③—：不叫。

北

1♦：6 点以下，示弱。

—：不叫。

例 2-1-6

南发牌 双方无局

♠ K Q 8 7
♥ 10 9 7
♦ 5 3
♣ J 9 8 4

```
    北
西      东
    南
```

♠ A J 10 9
♥ 8
♦ 10 8 7
♣ A K Q 10 5

叫牌过程

南	北
1♣	1♦
1♥	1NT
2♣	2♠
2NT	3♣
3♦	4♦
4♠	—

叫牌信息语义

南

① 1♣：11～15 点，低花 5 张套。

② 1♥：接力叫。

③ 2♣：接力叫。

④ 2NT：接力叫。

⑤ 3♦：接力叫。

⑥ 4♠：止叫。同伴 3～6 点，平均牌型。将吃 1 墩红桃或方块，便可得到 10 墩，故打 4♠合适。

⑦ —：不叫。

北

1♦：6 点及以下，示弱。平均牌，应叫程序："38442"。

1NT：平均牌型。

2♠：黑桃 4 张套，至少 1 张大牌。

3♣：草花 4 张套。

4♦：方块 2 张。

—：不叫。

例 2-1-7

南发牌　双方有局

- ♠ 5 4
- ♥ J 10 9 8 7
- ♦ 9 8 3
- ♣ K 10 8

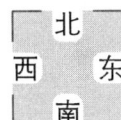

- ♠ 9 6 3 2
- ♥ A Q 3
- ♦ A K 10 7 5
- ♣ 4

叫牌过程

南	北
1♣	1♦
1♥	1♠
2♣	2♥
—	—

叫牌信息语义

南

① 1♣：11~15 点，方块 5 张。

② 1♥：接力叫。

③ 2♣：接力叫。

④ —：同意打 2♥，同伴 3 点及以下，单套牌，红桃 5 张，只能打 2♥。

北

1♦：6 点及以下，示弱。

1♠：3 点及以下，第二次示弱。

2♥：红桃 5 张，单套牌，应叫程序："1♦—1♠—5142"。

—：不叫。

例2-1-8

南发牌　东西有局

♠ 10 9 8 7 6
♥ —
♦ K 8 6 5
♣ 10 9 7 4

|北|
|西　东|
|南|

♠ 5 3
♥ 2
♦ A Q 10 9 7
♣ A K Q 8 5

叫牌过程

南	北
1♣	1♦
1♥	1♠
2♣	2♠
2NT	4♥
5♣	—
—	

叫牌信息语义

　　　　　　南　　　　　　　　　　　　　　北

①1♣：11～15点，草花5张。　　　1♦：6点及以下。

②1♥：接力叫。　　　　　　　　　1♠：3点及以下，二次示弱。

③2♣：接力叫。　　　　　　　　　2♠：黑桃5张，按单套牌叫，应叫
　　　　　　　　　　　　　　　　　　程序："1♦－1♠－5 1̇42"。

④2NT：接力叫。　　　　　　　　　4♥：红桃缺门，跳叫。

⑤5♣：止叫。同伴3点以下。　　　—：不叫。
　　三套牌，牌型5-4-4-0（或
　　5-5-3-0），可以打5♣。

⑥—：不叫。

例 2-1-9

南发牌　双方无局

- ♠ A 10
- ♥ A Q 9 6 3
- ♦ 10 9 8 6
- ♣ 7 5

- ♠ K 8 7
- ♥ K J 8 4
- ♦ 3
- ♣ A K 10 3 2

叫牌过程

南	北
1♣	1♠
1NT	2♥
2♠	2NT
3♣	3♦
3♥	3♠
4♣	4♥
4NT	5♥
6♥	—

叫牌信息语义

南

①1♣：11~15点，草花5张。

②1NT：接力叫。

③2♠：接力叫。
④3♣：接力叫。
⑤3♥：接力叫。
⑥4♣：接力叫。
⑦4NT：问A。

⑧6♥：同伴8点左右，牌型5-4-2-2。有黑桃A和红桃A，可打6♥。

⑨—：不叫。

北

1♠：低花无大牌，降档应叫8点左右。

2♥：红桃5张，至少有1张大牌，单套牌，应叫程序："35142"。

2NT：没有单张。

3♦：方块4张。

3♠：黑桃2张，且有1张大牌。

4♥：重叫红桃，可能有2张大牌。

5♥：2个贴邻的A。黑桃A和红桃A。

—：不叫。

例 2-1-10

南发牌　南北有局

♠ A K 10 8 4
♥ A
♦ 9 8 3
♣ K 9 6 3

（北／西／东／南 方位图）

♠ Q 9 7 2
♥ K 7 3
♦ A
♣ A Q 10 7 5

叫牌过程

南	北
1♣	2♥
2♠	3♠
4♣	4♠
4NT	5♥
5NT	6♠
7♠	—

叫牌信息语义

南

①1♣：11～15点，草花5张。

②2♠：接力叫。

③4♣：接力叫。

④4NT：问A。

⑤5NT：问K。

⑥7♠：止叫。同伴14点左右，单套牌。有2个A和2个K，但有1个K位置不明确；保守一些打6♠，冒险一些打7♠。

⑦—：不叫。

北

2♥：14点，升三档应叫。

3♠：黑桃5张，至少有1张大牌，单套牌，应叫程序："35142"。

4♠：按没有单张叫。重叫前面叫品。

5♥：两个贴邻的A，黑桃A、红桃A。

6♠：两个相隔的K，黑桃K，方块K或草花K。

—：不叫。

64

第二节　1♣示强性开叫及应叫

开叫条件：

牌点：16点及以上；

牌型：任意；

局况：任意。

单手牌拿到16点及以上的牌的概率只有9.76%，但一旦拿到，只要同伴是8点左右的一般牌型，低于8点的半特殊牌型（有单张的牌型）和特殊牌型（有双单张或缺门的牌型），都有可能成局；若同伴有12~15点，则有望冲上小满贯甚至大满贯。因此，任何叫牌体系均有示强性开叫这一叫品。

本叫牌体系采用1♣这个叫品表示16点及以上的强牌开叫。由于1♣叫品是多义性叫品，同伴并不知道你是哪一种含义，因此，本叫牌体系又规定1♣开叫是逼叫性开叫，同伴一定要应叫，只有当敌方（开叫人下家）争叫时，同伴持6点及以下时，可视情况决定是否应叫。在敌方不争叫的情况下，应叫人持6点及以下时，采用示弱性应叫方式应叫，即：

第一，一级示弱：表示4~6点，在开叫人叫品的基础上加一级，比如开叫1♣，你加一级应叫1♦，便表示6点及以下。

第二，二级示弱：表示0~3点，在一级示弱的基础上再次加一级就是二级示弱。比如开叫人叫1♣，你应叫1♦，开叫人再接力叫1♥，你再叫1♠，这就是二级示弱，表示0~3点。

值得注意的是，"示弱性应叫"是专门用来表示弱牌和最弱牌的，它不属于基本应叫程序的范围。但对单套牌、双套牌而言，示弱性应叫可代替点套共息的第一应叫，于是带示弱性应叫的基本程序修改如下：

（1）单套牌应叫基本程序：

"1♦（或1♦、1♠）—5142"。

（2）双套牌应叫基本程序：

"1♦（或1♦、1♠）—51$\overset{+}{4}$2"。

（3）平均牌应叫基本程序：

"1♦（或1♦、1♠）—38442"。

(4) 三套牌应叫基本程序：

"1♦（或1♦、1♠）－71444（应叫时，7用NT表示）"。

至于应叫人持16点及以上时如何应叫，是否转为决策者？请参看本章第一节的叙述，这里不再重复。

例 2-2-1

北发牌　双方无局

♠ A Q 6 4 3 2
♥ K Q 3
♦ 5 4
♣ A Q

```
   北
西    东
   南
```

♠ K 9 7
♥ 8 4
♦ J 9 7 3 2
♣ J 10 4

叫牌过程

北	南
1♣	1♦
1♥	1♠
1NT	2♠
—	—

叫牌信息语义

北

①1♣：11点及以上或16点以上。

②1♥：接力叫。

③1NT：接力叫。

④—：不叫。同伴3点左右，黑桃有K，联手20点左右，只能打2♠。

南

1♦：6点以下，第一次示弱。

1♠：3点及以下，第二次示弱。应叫程序："1♦、1♠－38442"。

2♠：黑桃3张，有1张大牌。

—：不叫。

例 2-2-2

南发牌　东西有局

- ♠ Q 10 6 5 3
- ♥ A 10
- ♦ 10 5 4 3
- ♣ Q 3

```
    北
西     东
    南
```

- ♠ A K 4
- ♥ K Q 3
- ♦ J 9 7 2
- ♣ A 9 4

叫牌过程

南	北
1♣	1♥
1♠	2♠
2NT	3NT
—	

叫牌信息语义

南

①1♣：11～15 点，或 16 点以上。

②1♠：接力叫。

③2NT：接力叫。

④—：止叫，同意打 3NT。同伴 8 点左右，有红桃 A 及黑桃 Q，黑桃能拿 5 墩，红桃拿 3 墩，草花 1 墩共 9 墩。

北

1♥：8±1 点，升一档应叫。

2♠：黑桃 5 张，有 1 张大牌。单套牌，应叫程序："35142"。

3NT：没有单张。

例2-2-3

北发牌　南北有局

♠ K J 10 9 6
♥ A 9
♦ A Q J
♣ Q 9 4

```
 北
西 东
 南
```

♠ Q 3 2
♥ 10 8 4 3
♦ K 4 3
♣ A J 8

叫牌过程

北	南
1♣	1♠
1NT	2NT
3♣	4♣
4♠	—
—	

叫牌信息语义

北

①1♣：11点以上或16点以上。

②1NT：接力叫。

③3♣：接力叫。

④4♠：止叫。同伴8±1点，平均牌。同伴黑桃有1张大牌，方块、草花各有1张大牌，可打4♠。

⑤—：不叫。

南

1♠：8±1点，升一档应叫，黑桃有1张大牌。

2NT：平均牌，应叫程序："38442"。

4♣：红桃4张套，但无大牌，只能只叫4♣。

—：不叫。

第二章 1♣多义叫

例 2-2-4

南发牌　双方有局

- ♠ A 10 9 6
- ♥ K 7
- ♦ K Q 10 9 6
- ♣ A J

北
西　东
南

- ♠ K 4
- ♥ A Q 10
- ♦ A 8 7 5
- ♣ K Q 9 3

叫牌过程

南	北
1♣	3♣
3NT	4♣
4♦	4NT
5♥	5NT
6♥	6NT
7♥	7NT
—	—

叫牌信息语义

南

① 1♣：11～15 点或 16 点及以上。

② 3NT：平均牌，应叫程序："38442"。

③ 4♦：方块 4 张，有 1 张大牌。

④ 5♥：2 个贴邻的 A。

⑤ 6♥：2 个相隔的 K。

⑥ 7♥：2 个相隔的 Q。

⑦ —：不叫。

北

3♣：16 点及以上，升四档应叫，转决策者。

4♣：接力叫。

4NT：问 A。

5NT：问 K。

6NT：问 Q。

7NT：联手 35 点。同伴有方块 A，红桃 A、黑桃 K、草花 K 还有 2 个 Q，可数得 13 墩。

—：不叫。

例 2-2-5

南发牌　双方无局

♠ 10 6 4 3 2
♥ J 4
♦ Q 10 8 6 3
♣ 10

```
    北
西     东
    南
```

♠ K J 5
♥ K Q 9 6
♦ A K 9 4
♣ A 7

叫牌过程

南	北
1♣	1♦
1♥	1♠
2♣	2♦
2♥	3♣
3♦	3♠
4♠	—
—	

叫牌信息语义

南

① 1♣：11～15 点或 16 点及以上。

② 1♥：接力叫。

③ 2♣：接力叫。

④ 2♥：接力叫。

⑤ 3♦：接力叫。

⑥ 4♠：止叫。同伴 3 点及以下，除方块外没有大牌。冒进一点，可打 4♠。

⑦ —：不叫。

北

1♦：6 点以下，一次示弱。

1♠：3 点及以下，二次示弱。

2♦：方块 5 张，可能有 1 张大牌。应叫程序："35142"。

3♣：草花单张。

3♠：黑桃 5 张，本应跳叫，这里降阶叫。

—：不叫。

例 2-2-6

南发牌　东西有局

♠ 5
♥ 10 9 8 7 6
♦ 4 3
♣ K Q 10 7 5

♠ K Q 7 3
♥ 3
♦ A K 10 9 8 7
♣ A J 9

叫牌过程

南	北
1♣	1♦
1♥	2♣
2♦	2♠
3♣	3♥
5♣	—
—	

叫牌信息语义

南

①1♣：11～15 点或 16 点及以上。

②1♥：接力叫。

③2♦：接力叫。

④3♣：接力叫。

⑤5♣：同伴 6 点以下，草花 5 张，至少有 1 张大牌，可打 5♣。

⑥—：不叫。

北

1♦：6 点及以下，一次示弱。

2♣：草花 5 张，至少有 1 张大牌应叫程序："35142"。

2♠：黑桃单张。

3♥：红桃无大牌，降阶应叫。

—：不叫。

例 2-2-7

南发牌　南北有局

♠ J 10 8 2
♥ A Q 10 2
♦ K 5 3 2
♣ 6

叫牌过程

南	北
1♣	1NT
2♣	3♣
3♦	3♥
4♥	—
—	

♠ A 7 5
♥ K J 4 3
♦ A Q 6 4
♣ A 5

叫牌信息语义

南

①1♣：11～15 点或 16 点及以上。

②2♣：接力叫。

③3♦：接力叫。

④4♥：止叫。同伴 7～10 点，三套牌。草花单张。可打 4♥。

⑤—：不叫。

北

1NT：7～10 点，三套牌，应叫程序："71444"。

3♣：草花单张。

3♥：红桃 4 张，最强套，至少 1 张大牌。

—：不叫。

例2-2-8

南发牌　双方有局

♠ A 6
♥ Q 9 8 7 5
♦ 2
♣ K Q 9 6 4

♠ 10 9 7 5 2
♥ A K J
♦ A 3
♣ A J 10

叫牌过程

南	北
1♣	2♣
2♦	3♣
3♦	4♦
4♥	5♥
5NT	6♦
6♥	—

叫牌信息语义

南

①1♣：11～15点或16点及以上。

②2♦：接力叫。

③3♦：接力叫。

④4♥：接力叫。

⑤5NT：问A。

⑥6♥：同伴11点左右，草花至少有K，红桃有Q，可打6♥。

⑦—：不叫。

北

2♣：11±1点，升二档应叫。

3♣：草花5张，至少1张大牌。

4♦：方块单张。单套牌或双套牌，应叫程序："35142"。

5♥：怕叫过头，降阶叫，按4张套报。

6♦：1个A。

—：不叫。

例 2-2-9

南发牌　南北有局
- ♠ K 5 3
- ♥ 6
- ♦ A Q 6
- ♣ Q J 10 8 5 3

```
北
西　东
南
```

- ♠ J
- ♥ A K J 10 8 7
- ♦ 10
- ♣ A K 9 6 4

叫牌过程

南	北
1♣	2♦
2♥	4♣
4♦	4♥
4NT	5♦
6♣	—

叫牌信息语义

南

① 1♣：11～15 点或 16 点及以上。

② 2♥：接力叫。

③ 4♦：接力叫。

④ 4NT：问 A。

⑤ 6♣：止叫。同伴 11 点左右，有 6 张草花，有方块 A，可打 6♣。

⑥ —：不叫。

北

2♦：11±1 点，升二档应叫。

4♣：6 张草花，跳阶叫，单套牌。
应叫程序："3 5 1 4 2"。

4♥：红桃单张。

5♦：1 个 A。

—：不叫。

例 2-2-10

南发牌　东西有局

- ♠ 3 2
- ♥ A K 10 9 8
- ♦ A Q 7 5 4
- ♣ 2

- ♠ A 5
- ♥ Q 7 6 5
- ♦ K 3
- ♣ A K 10 9 8

叫牌过程

南	北
1♣	2♥
2♠	3♥
3♠	4♣
4♦	5♦
5NT	6♥
6♠	7♣
7♥	—

叫牌信息语义

南

①1♣：11～15 点或 16 点及以上。

②2♠：接力叫。

③3♠：接力叫。

④4♦：接力叫。

⑤5NT：问 A。

⑥6♠：问 K，接力叫问 K。

⑦7♥：止叫。同伴 14 点左右，有 2 个 A，1 个 K，至少还有 1 个 Q，可打 7 个红桃。

⑧—：不叫。

北

2♥：14±1 点，升三档应叫。

3♥：5 张红桃，至少 1 张大牌，单套牌，应叫程序："35142"。

4♣：草花单张。

5♦：方块 4 张及以上。

6♥：2 个贴邻的 A。

7♣：升两级应叫，表示 1 个 K。

—：不叫。

第三节　部分半特殊牌型的 1♣ 开叫及应叫

开叫条件：

牌点：11 点及以上。

牌型：含有 6 张及以上的单套牌或双套牌，并多数含有单张的半特殊牌型。

局况：任意。

本节主要讨论部分 6 张及以上单套牌、双套牌的 1♣ 开叫及应叫，尽管牌点不到 16 点，但牌型较好，希望逼同伴应叫，故用 1♣ 叫品逼同伴应叫。比如，你的牌是♠：AK10987　♥：KQ109　♦：53　♣：2，只有 12 点，但牌型很好，如果你开叫 1♠，同伴 6 点及以下会不叫，假如同伴的牌是♠：Q65　♥：A876　♦：5432　♣：76，你会错失进局机会。

从广义的角度出发，只要你的牌点在 11 点及以上，你想逼同伴应叫时均可叫 1♣，即使是符合一阶高花开叫的牌你亦可叫 1♣。因此，1♣ 开叫亦可称为"示强性万能叫"。

显然，第一章及本章已列的所有牌例均可开叫 1♣。

例 2-3-1

南发牌　双方无局

♠ Q 6 5
♥ A 8 7 6
♦ 5 4 3 2
♣ 7 6

♠ A K 10 9 8 7
♥ K Q 10 9
♦ 5 3
♣ 2

叫牌过程

南	北
1♣	1♦
1♥	1NT
2♣	2♥
3♣	3♠
4♠	—
—	

叫牌信息语义

南

①1♣：11 点以上，牌型较特殊，叫 1♣。

②1♥：接力叫。

③2♣：接力叫。

④3♣：接力叫。

⑤4♠：止叫，同伴红桃有 4 张，有 A，黑桃 3~4 张，有 Q。可打 4♠。

⑥—：不叫。

北

1♦：6 点及以下，示弱性应叫。

1NT：表示 4~6 点，平均牌型，应叫程序："38442"。

2♥：平均牌型，红桃 4 张，1 张大牌。如果是三套牌，则再叫 NT。

3♠：黑桃有 1 张大牌，按 4 张套叫。

—：不叫。

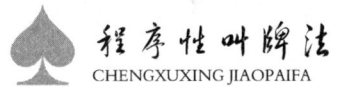

例 2-3-2

南发牌　南北有局
- ♠ 7 6
- ♥ A J 10 6
- ♦ 6
- ♣ A 10 9 8 7 6

- ♠ A K 10 9 8 5
- ♥ K Q 9 8
- ♦ 5 3
- ♣ 2

叫牌过程

南	北
1♣	1♥
1♠	3♣
3♦	4♦
4NT	5♠
5NT	6♣
6♥	—
—	

叫牌信息语义

南

①1♣：11点以上，牌型较好，故叫1♣。

②1♠：接力叫。

③3♦：接力叫。

④4NT：问A。

⑤5NT：问K。

⑥6♥：止叫。同伴8点左右，牌型"6421"将吃1墩草花或方块，即可拿到12墩，故打6♥。

⑦—：不叫。

北

1♥：8±1点，升一档应叫。

3♣：草花6张，跳阶叫。应叫程序："3 5 1 4 2"。

4♦：方块单张。

5♠：2个相隔的A，红桃A及草花A。

6♣：没有K。

—：不叫。

例 2-3-3

南发牌　东西有局

♠ 9 7 6 5 4
♥ A 10 8
♦ 6 3
♣ Q 10 8

♠ A K J 3
♥ 7
♦ A K 10 9 8 7
♣ 7 6

叫牌过程

南	北
1♣	1♦
1♥	1♠
2♣	2♠
3♣	3NT
4♣	4♥
4♠	—
—	

叫牌信息语义

南

①1♣：11点以上，牌型特殊，叫1♣。

②1♥：接力叫。

③2♣：接力叫。

④3♣：接力叫。

⑤4♣：接力叫。

⑥4♠：止叫。估计同伴3～6点，黑桃5张，红桃有1张大牌，2打4♠。

⑦—：不叫。

北

1♦：6点以下，一次示弱。

1♠：3点以下或黑桃5张，要看后续叫。

2♠：黑桃 5 张，应叫程序："35142"。

3NT：没有单张。

4♥：有1张大牌。

—：不叫。

例 2-3-4

南发牌　双方无局
- ♠ 10 9 8 7 6
- ♥ 3
- ♦ 10 9 8 6 5
- ♣ K 4

- ♠ A
- ♥ K Q 10
- ♦ 7 5
- ♣ A Q 10 9 8 6 5

叫牌过程

南	北
1♣	1♦
1♥	1♠
2♣	2♦
3♣	—

叫牌信息语义

南

①1♣：11点以上，牌型特殊，叫1♣。

②1♥：接力叫。

③2♣：接力叫。

④3♣：跳级叫，止叫。同伴两次示弱，3点及以下，只能打3♣。

⑤—：不叫。

北

1♦：6点以下，一次示弱。

1♠：3点及以下，二次示弱。

2♦：方块5张。

—：不叫。

例 2-3-5

南发牌　南北有局

♠ K 10 9 8 7
♥ —
♦ Q 8 7 6
♣ A 8 6 3

♠ 2
♥ 7 4
♦ A K J 10 9 4
♣ K Q J 10

叫牌过程

南	北
1♣	1NT
2♣	3♥
3♠	4♠
4NT	5♦
6♦	—
—	

叫牌信息语义

南

① 1♣：11点以上，牌型特殊，叫1♣。

② 2♣：接力叫。

③ 3♠：接力叫。

④ 4NT：问A。

⑤ 6♦：止叫。同伴三套牌 5－4－4－0，7～10 点，1 个 A，不是黑桃 A 就是草花 A，只输 1 墩，可打 6♦。

⑥ —：不叫。

北

1NT：7～10 点，三套牌，应叫程序："71444"。

3♥：跳阶叫，红桃缺门。

4♠：黑桃5张，牌型5－4－4－0。

5♦：1个A。

—：不叫。

例 2-3-6

南发牌　东西有局

♠ K 9 8
♥ 5
♦ Q J 8 7 6
♣ A Q 8 2

```
    北
西      东
    南
```

♠ A Q J 10 7 5
♥ 6 3
♦ A K 10 9
♣ 5

叫牌过程

南	北
1♣	2♣
2♦	3♦
3♥	4♥
4NT	5♦
5NT	6♦
6♠	—

叫牌信息语义

南

①1♣：11点以上，牌型特殊，叫1♣。

②2♦：接力叫。

③3♥：接力叫。

④4NT：问A。

⑤5NT：问K。

⑥6♠：止叫。同伴11点左右，牌型35142，1个A，草花A的可能性较大，只输1墩红桃，可打6♠。

⑦—：不叫。

北

2♣：11点，升二档应叫。

3♦：方块5张，有1张大牌，应叫程序："35142"。

4♥：红桃单张。

5♦：1个A。

6♦：1个K。

—：不叫。

例 2-3-7

南发牌　双方有局

- ♠ K J 10 8 7
- ♥ 2
- ♦ A 4
- ♣ K Q 10 9 8

- ♠ A Q 9 6
- ♥ A K Q 10 8 7
- ♦ 3
- ♣ 7 5

叫牌过程

南	北
1♣	2♦
2♥	3♣
3♦	3♥
3♠	4♠
4NT	5♦
5NT	6♠
—	—

叫牌信息语义

南

① 1♣：11点以上，牌型特殊叫 1♣。
② 2♥：接力叫。
③ 3♦：接力叫。
④ 3♠：接力叫。
⑤ 4NT：问 A。
⑥ 5NT：问 K。
⑦ —：不叫。估计同伴11点左右，有1个A，2个K，至少还有1个Q。可打6♠。

北

2♦：11±1点，升二档应叫。
3♣：草花5张，至少有1张大牌，双套牌，叫牌程序："35152"。
3♥：红桃单张。
4♠：按4张套报。至少有1张大牌。
5♦：1个A。
6♠：相隔的2个K。
—：不叫。

例 2-3-8

南发牌　双方无局

♠ K 10 8 5
♥ A K J 7
♦ Q 9 6 5
♣ 3

♠ A 3
♥ Q 10 5
♦ A K J 10 8 7
♣ 9 6

叫牌过程

南	北
1♣	2NT
3♣	4♣
4♦	4♥
4NT	5♦
6♦	—
—	

叫牌信息语义

南

①1♣：11 点以上，牌型特殊，叫 1♣。

②3♣：接力叫。

③4♦：接力叫。

④4NT：问 A。

⑤6♦：同伴 11~15 点，有红桃 A，至少还有 2 个 K，1 个 Q 及以上，只输 1 墩草花，故可打 6♦。

⑥—：不叫。

北

2NT：11~15 点，三套牌，应叫程序："71444"。

4♣：草花单张，其余花色均 4 张。

4♥：红桃为最强 4 张套。

5♦：1 个 A。

—：不叫。

例 2-3-9

南发牌　南北有局

♠ 10 7
♥ K 5
♦ A J 10 7
♣ A K 10 9 8

♠ 5 3
♥ A Q J 10 9 7
♦ K Q 9
♣ Q J

叫牌过程

南	北
1♣	2♥
2♠	3♣
3♦	3NT
4♥	—
—	

叫牌信息语义

南

①1♣：11点以上，牌型较特殊，叫1♣。

②2♠：接力叫。

③3♦：接力叫。

④4♥：止叫。同伴14±1点，单套牌但无单张，黑桃可能输2墩，只能打4♥。

⑤—：不叫。

北

2♥：14±1点，升三档应叫。

3♣：草花5张，至少1张大牌，应叫程序："35142"。

3NT：无单张。

—：不叫。

例 2-3-10

南发牌　东西有局

♠ K 9 5
♥ A 5 3
♦ K Q 6
♣ K 10 7 6

```
    北
西      东
    南
```

♠ Q 10 7
♥ K 8
♦ A J 10 9 8 7
♣ A 5

叫牌过程

南	北
1♣	2♥
2♠	2NT
3♣	4♣
4♦	4♥
4NT	5♦
6♦	—

叫牌信息语义

南

① 1♣：11点以上，牌型较好，开叫1♣。

② 2♠：接力叫。

③ 3♣：接力叫。

④ 4♦：接力叫。

⑤ 4NT：问A。

⑥ 6♦：止叫。估计同伴14±点，平均牌，只有1个红桃A或黑桃A，另外有2~3个K及1~2个Q。可打6♦。

⑦ —：不叫。

北

2♥：14±1点，升三档应叫。

2NT：平均牌型，应叫程序："38442"。

4♣：草花4张，最强套。

4♥：红桃3~4张，有1张大牌。

5♦：1个A。

—：不叫。

第三章 平均牌型 1♣(或 1NT)的开叫与应叫

本书第一版用 1♣ 开叫作为平均牌的开叫，第二轮叫牌时才考虑保护"K×"的原则，你和同伴之间谁拿到"K×"或"K××"，谁就应受保护，让他先叫无将叫品，最后如果打无将的话，就让他做庄。实践表明，这样设计是不够完善、不够妥当的。特别当同伴为平均牌型或三套牌时容易出问题，有必要重新设计。那么，如何进行重新设计呢？请先看如下"引例"：

引例一： 南发牌（或北发牌）

♠ A K Q 9
♥ K J 9
♦ 10 7 6
♣ Q 8 7

♠ J 10 8
♥ A Q 8 6
♦ K 8
♣ A J 10 9

叫牌过程

南发牌				北发牌			
第一种叫法		第二种叫法		第三种叫法		第四种叫法	
南	北	南	北	北	南	北	南
1♣	2♥	1NT	3♣	1♣	2♥	1NT	3♣
2♠	2NT	3♦	3NT	2♠	2NT	3♦	3NT
3♣	♠	—		3♣	3♥		
3NT	—			3NT			

第一种叫法：北先叫 2NT，最后定约 3NT，北做庄，如果方块分布有利于敌方，即西家持有 AQ 并有 5 张的话，东首攻方块，则立刻输掉 5 墩，宕一。

第二种叫法：南为了保护"K×"，先叫 1NT，最后定约 3NT。无论方块如何分布，西首攻什么牌，庄家都很容易拿到 9 墩牌，完成定约。

第三种叫法：同一手牌，北发牌，北不需要保护 K，可开叫 1♣，给南先叫 NT 的机会，最后定约因为 3NT，南做庄，很轻松拿到 9 墩牌，完成定约。

第四种叫法：北开叫 1NT，最后定约 3NT。东首攻方块，一口气拿了 5 墩方块，定约宕一。

由此可见，平均牌型固定开叫 1♣ 或固定开叫 1NT 都是不对的，而应该根据保护"K×"的原则，让有"K×"的一方先叫 NT，才是最合理的。

引例二： 南发牌 双方有局

♠ A K J 10
♥ K J 5 4
♦ 10 7 6 3
♣ 2

♠ Q 9 8
♥ A Q 10
♦ K 8
♣ A Q 10 9 7

叫牌过程

第一种叫法		第二种叫法	
南	北	南	北
1♣	1NT	1NT	2NT
2♣	3♣	3♣	3NT
3♦	3♠	—	
3NT	—		

第一种叫法：南开叫1♣，北三套牌，应叫1NT。最后定约3NT，北做庄。如果方块分布同"引例一"一样的话，东首攻方块，定约宕一。

第二种叫法：南开叫1NT，北三套牌，应叫2NT，最后定约3NT，南做庄，无论西首攻什么牌，定约必成。

由此可见：同伴三套牌时，其第一应叫便是NT，抢在开叫人前面先叫NT，开叫人就无法保护K8，故此，开叫人固定开叫1♣也是不妥当的。

为此，平均牌型的开叫重新设计如下：

开叫条件：

牌点：11~15 点。

牌型：平均牌型，即 4－3－3－3，4－4－3－2 牌型。

局况：任意。

开叫叫品：1♣（不需要保护"K×"时）；

　　　　　1NT（需要保护"K×"时）。

特别要指出的是平均牌型中的低限牌点（11~12 点），且局况不利时开叫 1♣（或 1NT）是有一定风险的，主要表现在同伴 6 点及以下时，我方只有 14~18 点之间，敌方都有 22~26 点，按常规敌方应该争叫，但万一敌方不争叫，而在二阶及以上水平做惩罚性加倍的话，我方将会损失惨重。为了降低风险，采用两种办法：

1. 如果开叫者是 11~12 点，且 K、Q、J 较多而局况又不利时，一般不开叫。

2. 如果应叫方两次示弱，开叫方的大牌多为 A、K，开叫方再叫 1NT，表示开叫者为低限平均牌型，此时决策权交给应叫方。当应叫方为常规牌型（无单张、也没 6 张及以上套）时，应叫方不叫；当应叫方为半特殊牌（有单张花色）时，其二阶叫为止叫；当应叫方为特殊牌型（有缺门花色或两门单张花色）时，可用接力叫继续问叫，最后由应叫方决策，其目的是充分发挥应叫方的牌型优势。这是平均牌型的特殊约定叫。

第三章 平均牌型1♣(或1NT)的开叫与应叫

例 3-1

南发牌　南北有局

♠ A J 5
♥ A 10 9 8 3
♦ J 8 4
♣ K 7

♠ 10 9 8 7
♥ K Q
♦ A Q 6
♣ Q 10 9 8

叫牌过程

南	北
1♣	2♣
2♦	2♥
2♠	2NT
3♣	3♠
3NT	—
—	

叫牌信息语义

南

①1♣：平均牌，不用保护K，故开叫1♣，11点及以上。

②2♦：接力叫。

③2♠：接力叫。

④3♣：接力叫。

⑤3NT：同伴11±1点，单套牌型，没有单张。除方块外均有大牌适合打3NT。

⑥—：不叫。

北

2♣：11±1点，升二档应叫。

2♥：红桃5张，至少有1张大牌，单套牌，应叫程序："35142"。

2NT：没有单张。

3♠：3~4张，有1张大牌。

—：不叫。

例 3-2

南发牌　东西有局

♠ 8 7
♥ A K 10 8
♦ K 4 3
♣ A J 10 7

叫牌过程

南	北
1NT	3♦
3♥	3NT
—	—

♠ K J 10 9
♥ Q 9
♦ A Q 7 5
♣ K 8 6

叫牌信息语义

南

①1NT：11点及以上，平均牌，要保护K，开叫1NT。

②3♥：接力叫。

③—：不叫。估计同伴14点左右，平均牌型。联手共29点左右，打3NT合适。

北

3♦：14±1点，升三档应叫。

3NT：平均牌型。应叫程序："38442"。

—：不叫。

第三章 平均牌型1♣（或1NT）的开叫与应叫

例 3-3

南发牌 双方有局

♠ K Q 10 8 5
♥ Q 9 3
♦ K J 7
♣ 5 2

♠ A 7 6
♥ A J 2
♦ A 6 4
♣ J 10 8 7

叫牌过程

南	北
1♣	2♦
2♥	2♠
3♣	3NT
4♣	4♥
4♠	—
—	

叫牌信息语义

南

①1♣：11~15点，平均牌型。
②2♥：接力叫。
③3♣：接力叫。
④4♣：接力叫。
⑤4♠：止叫。估计同伴11±1点，单套牌，黑桃5张，方块、红桃均有大牌，勉强可以4♠。
⑥—：不叫。

北

2♦：11±1点，升两档应叫。
2♠：5张黑桃，至少1张大牌。
3NT：无单张，应叫程序："35142"。
4♥：红桃3~4张，有1张大牌。
—：不叫。

例 3-4

南发牌　双方无局

♠ A Q J 5
♥ 5
♦ A Q 10 9 8 7
♣ 10 4

```
      北
  西       东
      南
```

♠ K 8 4 2
♥ A 9 2
♦ K J 6 5
♣ K 2

叫牌过程

南	北
1NT	2♠
3♣	3♦
3♥	4♥
4NT	5♠
—	—

叫牌信息语义

南

①1NT：平均牌，要保护"K×"叫 1NT。

②3♣：接力叫。

③3♥：接力叫。

④4NT：问 A。

⑤—：不叫。估计同伴 11±1 点，单套牌，方块 5 张及以上，黑桃 3~4 张，打黑桃将牌，利用明手方块可垫去手中输张，故打 5♠ 合适。如打 6♦，东首攻草花可能马上输掉。

北

2♠：11±1 点，升二档应叫。

3♦：方块 6 张按 5 张报。

4♥：红桃单张。应叫程序："35142"。

5♠：2 个相隔的 A。

—：不叫。

第三章 平均牌型 1♣（或 1NT）的开叫与应叫

例 3-5

南发牌　南北有局

♠ Q 10 7
♥ 4 3 2
♦ K 9 7
♣ 10 9 8 7

```
    北
 西    东
    南
```

♠ 9 6
♥ K Q 7 5
♦ Q J 10 8
♣ Q J 3

叫牌过程

南	西	北	东
—	—	—	1♣
—	1NT	—	2♣
—	3♣	—	3♦
—	3♥	—	3♠
—	4♥	—	4♠
—	—		

叫牌信息语义

南
①Pass：我只有 11 点平均牌型，且 Q 较多，不宜开叫。
②第二轮及以下均不叫。

北
Pass：我只有 6 点及以下，平均牌型，无法叫牌，由对方叫牌。
第二轮及以下均不叫。

例 3-6

南发牌　南北有局

♠ 10 8 6
♥ K 9 7
♦ 9 7 5 4
♣ Q J 8

```
 北
西 东
 南
```

♠ K Q 9 3
♥ 10 8
♦ Q 10 8 6
♣ A 10 9

叫牌过程

南	北
1♣	1♦
1♥	1NT
—	

叫牌信息语义

南

①1♣：11~15点，平均牌型。

②1♥：接力叫。

③—：不叫，联手17点左右，而且都是平均牌型，只好打1NT。

北

1♦：6点及以下。

1NT：4~6点，平均牌型。应叫程序："1♦-8442"。

第三章 平均牌型 1♣（或 1NT）的开叫与应叫

例 3-7

南发牌　南北有局

♠ 10 8 7
♥ K 9 7
♦ J 9 7 5 3
♣ 6 2

♠ K Q 9 3
♥ 7 5 2
♦ Q 10 8
♣ A 9 5

叫牌过程

南	北
1♣	1♦
1♥	1♠
1NT	—
—	

叫牌信息语义

南

① 1♣：11~15 点，平均牌型。

② 1♥：接力叫。

③ 1NT：我是低限平均牌型，决策权交给你了。这是平均牌型的特殊约定叫。主要目的是寻找应叫方的特殊牌型的优势。

④ —：不叫。

北

1♦：6 点及以下，一次示弱。

1♠：3 点及以下，二次示弱。

—：不叫。我也是平均牌型，没有牌型优势，只好打 1NT 吧！

例 3-8

南发牌　东西有局

♠ 10 9 8 7 6
♥ K 9 5 4
♦ 7 6 5
♣ 4

♠ A K J 5
♥ 10 8 7
♦ A 3
♣ 6 5 3 2

叫牌过程

南	北
1♣	1♦
1♥	1♠
1NT	2♠
—	—

叫牌信息语义

南

①1♣：11~15点，平均牌型。
②1♥：接力叫。
③1NT：低限平均牌，决策权交给你了。
④—：不叫。

北

1♦：6点以下，一次示弱。
1♠：3点以下，二次示弱。
2♠：草花控制不了，不能打无将，可打2♠。
—：不叫。

第三章 平均牌型1♣（或1NT）的开叫与应叫

例 3-9

南发牌　东西有局

♠ 8
♥ Q 8 7 6 4 3
♦ 8 7 6 3 2
♣ 4

♠ A 6 2
♥ A K 10 9
♦ 5 4
♣ 8 5 3 2

叫牌过程

南	北
1♣	1♦
1♥	1♠
1NT	2♣
2♥	2♠
3♠	4♣
4♦	4♥
—	—

叫牌信息语义

南

①1♣：11~15点，平均牌型。
②1♥：接力叫。
③1NT：低限平均牌，决策权交给你了。
④2♥：红桃4张，最强套。
⑤3♠：黑桃有1张大牌。
⑥4♦：方块2张。
⑦—：不叫。

北

1♦：6点以下，一次示弱。
1♠：3点以下，二次示弱。
2♣：我变为决策者，因牌型好，可以再询问，接力叫。
2♠：接力叫。
4♣：接力叫。
4♥：止叫。局况有利。低花可能输3墩，可打4♥。
—：不叫。

例 3-10

南发牌　南北有局

♠ 10 9 8 7 6 5 4
♥ 2
♦ K 8 6 3
♣ 3

♠ A K 2
♥ 8 7 6 5
♦ J 5
♣ A 10 8 6

叫牌过程

南	北
1♣	1♦
1♥	1♠
1NT	2♣
3♣	3♦
3♠	4♠
—	—

叫牌信息语义

南

①1♣：11~15点，平均牌型。

②1♥：接力叫。

③1NT：约定叫，低限平均牌型，请你转为决策者。

④3♣：草花4张，至少1张大牌。

⑤3♠：黑桃有大张，按4张套报。

⑥—：不叫。

北

1♦：6点及以下，一次示弱。

1♠：3点及以下，二次示弱。

2♣：接力叫。我转为决策者。

3♦：接力叫。

4♠：止叫。同伴11~12点，低限平均牌型。勉强可打4♠。

—：不叫。

 # 第四章　1◆示弱性开叫及应叫

1◆示弱性开叫也是本叫牌体系的一个特征。它是从整体优化的角度，专门为5张套设计的。它设置的目的是，一方面增加开叫面，最大限度地交换信息，不失时机地发挥牌点少、牌型配合好的优势，争取完成某些定约；另一方面可干扰敌方的叫牌，特别是当你和同伴的高花长套配合较好时，往往可以作牺牲叫，可以以较少的代价换取较大的利益。

1◆示弱性开叫的理论根据是什么呢？主要是牌型的概率分布。从绪论中得知，5张套共有6种，它们是：5－3－3－2（概率15.52%，下同），5－4－3－1（12.93%），5－4－2－2（10.58%），5－5－2－1（3.17%）；5－5－3－0（0.90%），5－4－4－0（1.24%）。前面4种牌型的概率之和为42.2%，后两种牌型属于特殊牌型，不在本章讨论。另外，从绪论中也了解到5张套中的第5张为必然赢墩（即100%为赢墩）。

再有，从整体上、系统上看11点及以上非平均牌型在第一、第二章讨论，平均牌型在第三章讨论，10点及以下的6张及以上套在第五章讨论。另有10点及以下的5张套没有章节讨论，为此，特设本章加以讨论。

开叫条件：

牌点：7～10点；

牌型：上述指定的5张套；与方块的张数无关；

局况：有利。

开叫者开叫后随即转为参谋者，按应叫的基本程序后续应叫。

示弱性开叫也是逼叫性开叫，应叫者无论牌点、牌型如何都必须接力应叫，并立即转为决策者。如果开叫者下家敌方争叫，应叫者持6点及以下且为一般牌型时可以不叫；如持7～10点、牌型为半特殊牌型时，视长套是高花还是低花来决定是否应叫；如持有11点及以上且为非平均牌型时，一般都要应叫，并立即转为决策者。

开叫人开叫后随即转为参谋者，按单套、双套应叫基本程序应叫。由于1◆开叫的信息本身就已经含有点套共息的信息，所以单套、双套牌的第一再叫可略去。

单套牌的再叫程序："开1◆－5142"。

双套牌的再叫程序："开1◆－514$\overset{+}{2}$"。

注：应叫程序中的横杠前面数字及文字表示已经叫过，本轮应叫从横杠后的数字开始，下同。

例 4-1　　南发牌　东西有局

♠ A 5 3
♥ J 10 5
♦ K Q 8 6 2
♣ J 4

♠ J 9 4
♥ A 9 6 3 2
♦ 9 6
♣ Q 4 3

叫牌过程

南	西	北	东
1◆	X	1♥	2♠
—	3♠	—	—
—			

叫牌信息语义

　　　　　南　　　　　　　　　　　　　　北

①1◆：6～10点，5张套，示弱性开叫。　　1♥：接力叫，转决策者。

102

②—：转参谋者。东西牌点比对应我们多，不能再叫。

—：同意不叫。

例 4-2

南发牌　南北有局

♠ Q 9 5 4 3
♥ Q 10 8 6
♦ Q 7
♣ K 2

♠ J
♥ K J 9 7
♦ A 9 8 6 2
♣ 9 5 3

叫牌过程

南	北
1♦	1♥
2♦	2♥
2♠	3♣
3♥	—
—	

叫牌信息语义

南

①1♦：6～10点，5张套，示弱性开叫。

②2♦：转参谋者，应叫程序："1♦-5142"。5张方块，有1张大牌。

③2♠：黑桃单张。

④3♥：红桃4张且有1张大牌。

⑤—：不叫。

北

1♥：接力叫，转决策者。

2♥：接力叫。

3♣：接力叫。

—：不叫，同意打3♥。估计同伴8点左右，5张方块带1张大牌，4张红桃带1张大牌，黑桃单张，勉强可打3♥。

例4-3

南发牌　双方有局

♠ A K Q 10 9
♥ 7 5 3 2
♦ 10 8 5
♣ 3

叫牌过程

南	北
1♦	1♥
2♥	2♠
3♦	3♥
3♠	4♠
—	—

♠ 8 7 6 4
♥ A K Q 8 7
♦ 5
♣ 7 4 2

叫牌信息语义

南

① 1♦：6～10点，有5张套，示弱性开叫。

② 2♥：转参谋者，应叫程序："1♦－5142"。红桃5张，至少1张大牌。

③ 3♦：方块单张。

④ 3♠：黑桃4张。

⑤ —：不叫。

北

1♥：接力叫，对决策者。

2♠：接力叫。

3♥：接力叫。

4♠：同伴红桃5张，黑桃4张，方块1张，双高花5-4配合，打4♠绰绰有余。

—：不叫。

例 4-4

南发牌　双方无局

♠ Q 5 4
♥ K J 9 3
♦ 8
♣ A K 10 8 4

♠ 9
♥ A Q 10 6
♦ Q 10 9
♣ Q 9 7 5 2

叫牌过程

南	北
1♦	1♥
2♣	2♦
2♠	2NT
3♥	3♠
4♣	4♥
—	—

叫牌信息语义

南

①1♦：6～10 点，有 5 张套，示弱性开叫。

②2♣：转参谋者，应叫程序："1♦－5142"。草花 5 张。

③2♠：黑桃单张。

④3♥：红桃 4 张，至少 1 张大牌。

⑤4♣：重叫。

⑥—：不叫。

北

1♥：接力叫，转决策者。

2♦：接力叫。

2NT：接力叫。

3♠：接力叫。

4♥：止叫。同伴 6～10 点，5 张草花，4 张红桃，黑桃单张。同伴草花只有 1 张 Q，红桃应该还有 1～2 张大牌，故打 4♥ 合适。

—：不叫。

例 4-5

南发牌　双方有局

♠ A Q 5 3
♥ 10 7 6
♦ Q 3 2
♣ K Q J

♠ K J 10 9 2
♥ K Q 8
♦ 9
♣ 9 8 6 4

叫牌过程

南	北
1♦	1♥
1♠	1NT
2♦	2♥
3♣	3♦
3♥	4♠
—	—

叫牌信息语义

南

①1♦：6～10点，5张套，示弱性开叫。

②1♠：转参谋者。应叫程序"1♦－5142"。黑桃5张带1张大牌。

③2♦：方块单张。

④3♣：草花4张。

⑤3♥：红桃3张且有1张大牌。

⑥—：不叫。

北

1♥：接力叫，转决策者。

1NT：接力叫。

2♥：接力叫。

3♦：接力叫。

4♠：止叫。同伴5张黑桃，方块单张。红桃3张且带1张大牌。勉强可打4♠。

—：不叫。

例 4-6

南发牌 双方无局

♠ K 8 4 2
♥ Q J 6 4
♦ A K 3
♣ 9 5

♠ A Q 10 7 6
♥ K 8 7
♦ 10 9
♣ J 7 6

叫牌过程

南	北
1♦	1♥
1♠	1NT
2NT	3♣
3♥	4♠
—	—

叫牌信息语义

南	北
①1♦：6~10点，5张套，示弱性开叫。	1♥：接力叫，转决策者。
②1♠：转参谋者，应叫程序："1♦－5142"。黑桃5张，至少有1张大牌。	1NT：接力叫。
③2NT：没有单张。	3♣：接力叫。
④3♥：红桃4张或3张带1张大牌。	4♠：止叫。同伴6~10点，黑桃5张带1张大牌，没有单张，红桃有1张大牌，可打4♠。
⑤—：不叫。	—：不叫。

例4-7

南发牌　东西有局

- ♠ K J 10 8 7
- ♥ A K 10 8
- ♦ 10 7
- ♣ Q 9

- ♠ Q 6 4 3 2
- ♥ Q 9
- ♦ A 6 5 4 2
- ♣ 3

叫牌过程

南	北
1♦	1♥
2♦	2♥
3♣	3♦
3♠	4♠
—	—

叫牌信息语义

南

① 1♦：6～10点，5张套，示弱性开叫。

② 2♦：转参谋者，应叫程序："1♦—5142"。方块5张，有1张大牌。

③ 3♣：草花单张。

④ 3♠：防止叫过头，黑桃按4张套报，有1张大牌。

⑤ —：不叫。

北

1♥：接力叫，转决策者。

2♥：接力叫。

3♦：接力叫。

4♠：止叫。同伴6～10点，方块5张带1张大牌，草花单张，黑桃4张且有1张大牌，打4♠合适。

—：不叫。

例 4-8

南发牌　南北有局

♠ 10
♥ A 4
♦ K J 9 7 4
♣ A K 10 8 6

♠ 9 4
♥ Q 9 8 7 5
♦ A Q 8 3
♣ Q 4

叫牌过程

南	北
1♦	1♥
2♥	2♠
2NT	3♣
3♦	3♥
4♥	5♦
—	—

叫牌信息语义

南

①1♦：6~10点，5张套，示弱性开叫。

②2♥：转参谋者，应叫程序："1♦—5142"。红桃5张，有1张大牌。

③2NT：没有单张。

④3♦：方块4张，有1张大牌。

⑤4♥：重叫。

⑥—：不叫。

北

1♥：接力叫，转决策者。

2♠：接力叫。

3♣：接力叫。

3♥：接力叫。

5♦：止叫。同伴6~10点，红桃5张带1张大牌，方块4张带1张大牌。可打5♦。

—：不叫。

例 4-9

南发牌　东西有局

♠ 3
♥ A 7 2
♦ K Q 10 9 8
♣ A K 9 5

|北|
|西　东|
|南|

♠ A 9 7
♥ 5
♦ A 7 6 5
♣ 10 8 7 6 3

叫牌过程

南	北
1♦	1♥
2♣	2♦
2♥	2♠
3♦	3♥
4♦	4NT
5♠	6♦
—	

叫牌信息语义

南

① 1♦：6～10点，5张套，示弱性开叫。

② 2♣：转参谋者，5张草花，应叫程序："1♦-5142"。

③ 2♥：红桃单张。

④ 3♦：方块4张。

⑤ 4♦：不叫草花，叫方块，表示草花没有大牌，方块有1张大牌。

⑥ 5♠：有2个相隔的A。

⑦ —：不叫。

北

1♥：接力叫，转决策者。

2♦：接力叫。

2♠：接力叫。

3♥：接力叫。

4NT：问A。

6♦：止叫。同伴6～10点，有黑桃A和方块A，方块4张，红桃单张。可打6♦。

—：不叫。

例 4-10

南发牌　双方无局

♠ 10 9 8 7
♥ K Q 5 4 3
♦ A
♣ A K 10

♠ 2
♥ A J 10 9 8
♦ Q 9 8 7 6
♣ 4 3

叫牌过程

南	北
1♦	1♥
2♥	2♠
3♠	4♣
4♦	4NT
5♦	6♥
—	—

叫牌信息语义

　　　　南

①1♦：6~10点，5张套，示弱性开叫。

②2♥：转参谋者，5张红桃带1张大牌，应叫程序："1♦ + —5 1 4 2。"

③3♠：黑桃单张。

④4♦：防止叫过头，按4张套报。

⑤5♦：1个A。

⑥—：不叫。

　　　　北

1♥：接力叫，转决策者。

2♠：接力叫。

4♣：接力叫。

4NT：问A。

6♥：止叫。估计同伴6~10点，红桃5张且有1张A，黑桃单张。同伴将吃3墩黑桃1墩草花，即可能得到12墩，故可打6♥。

—：不叫。

第五章 二阶及多阶花色开叫及应叫

第一节 二阶花色开叫及应叫

开叫条件：

牌点：7~10点（或含牌型点），至少3点在长套上；

牌型：开叫花色为6~7张，不多也不少；

局况：任意。

本叫牌体系的二阶花色开叫是一种限制性较强的自然叫。不符合上述条件就不能用二阶叫品，比如牌点7~10点，但长套上的牌点为2点及以下时，不用二阶叫品，只能示弱性开叫，即叫1♦。

二阶花色开叫后，开叫人随即转为参谋者，按单套应叫基本程序继续应叫。原应叫人立即转为决策者，按下述条件选择叫品：

（一）6点及以下，一般牌型，不叫。

（二）7~10点，牌型为半特殊牌型（单张不是开叫花色），用接力叫继续叫牌；一般牌型视情况而定是否继续叫牌。

（三）11点及以上时，一般都应用接力叫继续叫牌。

开叫人（参谋者）的叫牌程序：

"二阶开叫-142"。

应叫人（决策者）的叫牌程序：

"1119"。

第五章 二阶及多阶花色开叫及应叫

例 5-1-1

南发牌　东西有局

♠ 8
♥ A K 6 3
♦ Q 7 6
♣ A Q 10 9 8

北
西　东
南

♠ 7 4 3
♥ 8 5
♦ A K J 10 9 8
♣ 6 2

叫牌过程

南	北
2♦	2♥
2NT	3♣
3♦	3♥
4♣	5♦
—	—

叫牌信息语义

南

①2♦：6～10点，方块6～7张。续叫程序："二阶开叫—142"。

②2NT：无单张。

③3♦：无4张套，重叫前面叫品。

④4♣：草花2张。

⑤—：不叫。

北

2♥：接力叫。转决策者。续叫程序："1119"。（后面各例同）

3♣：接力叫。

3♥：接力叫。

5♦：止叫。同伴6～10点，6～7张方块，牌型为6-3-2-2，黑桃输1墩，草花可能输1墩，可打5♦。

—：不叫。

例 5-1-2

南发牌　南北有局

♠ A 8 6 2
♥ 9 6 3
♦ 10
♣ A K 10 9 8

```
    北
西      东
    南
```

♠ 3
♥ A Q J 10 8 7 5
♦ 9 6 4
♣ 7 2

叫牌过程

南	北
2♥	2♠
3♠	4♣
4♥	—
—	

叫牌信息语义

南

①2♥：6～10 点，红桃 6～7 张。续叫程序："二阶开叫 —142"。

②3♠：黑桃单张。

③4♥：没有 4 张套，重叫前面叫品。

④—：不叫。

北

2♠：接力叫，转决策者。

4♣：接力叫。

—：不叫。同伴 6～10 点，红桃 6～7 张，黑桃单张，又没有 4 张套，牌型 7-3-2-1。方块输 1 墩，红桃可能输 1 墩，可打 4♥。

第五章 二阶及多阶花色开叫及应叫

例 5-1-3

南发牌 双方无局

♠ K J 5
♥ —
♦ A K Q 10 9
♣ K 8 6 5 3

```
    北
西      东
    南
```

♠ A Q 10 9 8 7 6
♥ 10 9 8 7 6
♦ 2
♣ —

叫牌过程

南	北
2♠	2NT
4♣	4♦
4♥	4NT
5♦	5NT
6♣	6NT
7♦	7♠
—	—

叫牌信息语义

南

①2♠："含牌型点"10点，黑桃6~7张。续叫程序："二阶开叫-142"。

②4♣：草花缺门，跳叫。

③4♥：红桃4张及以上。

④5♦：1个A。

⑤6♣：没有K。

⑥7♦：1个Q。

⑦—：不叫。

北

2NT：接力叫，转决策者。

4♦：接力叫。

4NT：问A。

5NT：问K。

6NT：问Q。

7♠：同伴6点，草花缺门，方块不会超过3张。通过相互将吃，可得到13墩。

—：不叫。

例 5-1-4

北发牌　双方有局

- ♠ 3
- ♥ 7 5
- ♦ Q 10 9 8
- ♣ A K 10 9 8 7

- ♠ A 7 6 5
- ♥ A 6 2
- ♦ A K J 7
- ♣ 6 3

叫牌过程

北	南
2♣	2♦
2♠	2NT
3♦	3♥
4♥	4NT
5♦	5NT
6♦	—

叫牌信息语义

北

① 2♣：6～10 点，草花 6～7 张。续叫程序："二阶开叫—142"。

② 2♠：黑桃单张。

③ 3♦：方块 4 张。

④ 4♥：红桃 2 张。

⑤ 5♦：1 个 A。

⑥ 6♦：1 个 K。

南

2♦：接力叫，转决策者。

2NT：接力叫。

3♥：接力叫。

4NT：问 A。

5NT：问 K。

—：不叫。同伴 6～10 点，牌型 6-4-2-1，草花有 AK。是否还有 Q，不明确。只好打 6♦。

⑦ —：不叫。

例 5-1-5

南发牌　南北有局

♠ A K 8 6
♥ Q 10 9 7
♦ 8 7 5 3
♣ 2

```
    北
西      东
    南
```

♠ 5 3
♥ 8
♦ A K Q 10 9 6
♣ 10 9 8 7

叫牌过程

南	北
2♦	2♥
3♥	3♠
4♣	5♦
—	—

叫牌信息语义

南

① 2♦：6～10 点，方块 6～7 张，续叫程序："二阶开叫 —142"。

② 3♥：红桃单张。

③ 4♣：草花 4 张。

④ —：不叫。

北

2♥：接力叫，转决策者。

3♠：接力叫。

5♦：止叫。同伴 6～10 点。牌型 6-4-2-1。方块 6 张，至少有 AK（或 AQ），通过相互将吃，可能得到 11 墩，故打 5♦ 合适。

—：不叫。

117

例 5-1-6

南发牌　双方有局

- ♠ 3
- ♥ A K 10 8 7
- ♦ A 5
- ♣ 10 9 8 7 6

叫牌过程

南	北
2♦	2♥
3♣	3♦
3♥	4♥
—	—

- ♠ 5 4
- ♥ Q J 9 6
- ♦ K Q J 10 9 8
- ♣ 2

叫牌信息语义

南

① 2♦：6～10 点，方块 6～7 张，续叫程序："二阶开叫 -142"。

② 3♣：草花单张。

③ 3♥：红桃 4 张，有 1 张大牌。

④ —：不叫。

北

2♥：接力叫，转决策者。

3♦：接力叫。

4♥：止叫。同伴 6～10 点，方块只有 KQ，红桃必有 1 张大牌。牌型 6-4-2-1，打 4♥ 比打 5♦ 更合适。

—：不叫。

第二节　多阶花色开叫及应叫

开叫条件：

牌点：6～10 点（或含牌型点），至少有 2 点在长套上；

牌型：三阶开叫花色 8～9 张，四阶开叫花色 9 张及以上；

局况：任意。

本叫牌体系的多阶花色开叫是指三阶花色开叫和四阶花色开叫。它们也是限制性较强的自然叫。如果条件不完全符合，可以采用降阶开叫的办法，即四阶→三阶→二阶→1◆示弱性开叫。比如某花色有 8 张，但只有 1 张 J，则可按二阶花色开叫。

多阶花色开叫后，开叫人随即转为参谋者，按单套牌应叫程序再叫；原应叫人立即转为决策者，按上述二阶要求的条件选择叫品即可。

开叫人（参谋者）的叫牌程序："多阶开叫－142"。

应叫人（决策者）的叫牌程序："1119"。

例 5-2-1

南发牌　南北有局
- ♠ A K 9 7
- ♥ K 10 9 6
- ♦ 8 7 4 2
- ♣ 2

叫牌过程

南	北
3♣	—
—	

- ♠ 2
- ♥ Q 3
- ♦ A 5
- ♣ K 10 9 8 7 6 5 3

叫牌信息语义

南

①3♣：6~10点，8~9张草花。
续叫程序："三阶开叫-142"。

②—：不叫。

北

—：不叫。同伴6~10点，8~9张草花，黑桃、红桃一般不会多于2张，难以成局。

例 5-2-2

南发牌　双方无局

- ♠ 2
- ♥ A K 10 9 8
- ♦ A Q 5
- ♣ 10 8 7 3

叫牌过程

南	北
4♠	—
—	

```
    北
西      东
    南
```

- ♠ A J 10 9 8 7 6 5 3
- ♥ 7 5
- ♦ 3
- ♣ 6

叫牌信息语义

南

① 4♠：6～10 点，黑桃 9 张及以上，续叫程序："四阶开叫－142"。

② —：不叫。

北

—：不叫。同伴 6～10 点，四阶开叫，黑桃 9 张及以上，其他花色不会超过 2 张，冲满贯没希望，只好打 4♠。

例 5-2-3

南发牌　东西有局

- ♠ 10 8 7 6
- ♥ A Q 5
- ♦ J 9
- ♣ A K 9 8

- ♠ 5
- ♥ 9 4
- ♦ A K 10 8 7 6 5 3
- ♣ 10 2

叫牌过程

南	北
3♦	3♥
3♠	4♣
4♦	5♦
—	—

叫牌信息语义

南

① 3♦：6～10点，方块8～9张，续叫程序："三阶开叫—142。"

② 3♠：黑桃单张。

③ 4♦：没有4张套，重叫前面叫品。

④ —：不叫。

北

3♥：接力叫，转决策者。

4♣：接力叫。

5♦：止叫。同伴6～10点，方块8～9张，黑桃单张。红桃、草花一般不会超过2张。黑桃输1墩，红桃可能输1墩，打5♦合适。

—：不叫。

例 5-2-4

南发牌　双方无局

♠ 9 7 6 4
♥ A 4 3
♦ 7
♣ 10 9 8 7 6

♠ 5
♥ K Q 10 9 7 6 5 2
♦ A 9
♣ 3 2

叫牌过程

南	北
3♥	4♥
—	—

叫牌信息语义

南

① 3♥：6～10点，红桃 8～9 张，续叫程序："三阶开叫 -142"。

② —：不叫。

北

4♥：止叫。同伴红桃 8～9 张，其他花色必有一门为单张。我只有 4 点，只能拼一下，打 4♥。

—：不叫。

例 5-2-5

南发牌　南北有局

♠ 10 8 5 3
♥ 3
♦ A 10 7 6
♣ Q 9 8 5

♠ 2
♥ A 8 6
♦ K Q J 9 8 5 4 3
♣ 4

叫牌过程

南	北
3♦	3♥
3♠	4♣
4♥	5♦
—	—

叫牌信息语义

南

①3♦：6～10点，方块8～9张。续叫程序"三阶开叫—142"。

②3♠：黑桃单张。

③4♥：红桃有1张大牌，按4张套报。

④—：不叫。

北

3♥：接力叫，转决策者。

4♣：接力叫。

5♦：止叫。同伴6～10点，方块有1～2张大牌，红桃有1张大牌。方块8～9张，黑桃单张。牌型8-3-1-1。可打5♦。

—：不叫。

例 5-2-6

南发牌　东西有局

♠ 9 6 7
♥ 8 7 6
♦ A K 10 9 4
♣ Q 4

叫牌过程

南	北
4♣	4♦
4♥	5♣
—	—

♠ 3
♥ 2
♦ 5 4
♣ A K J 10 9 8 7 6 5

叫牌信息语义

南

① 4♣：6～10点，草花9张及以上，续叫程序："四阶开叫-142"。

② 4♥：红桃单张。

③ —：不叫。

北

4♦：接力叫，转决策者。

5♣：止叫。同伴6～10点，草花9张，有2张大牌。红桃单张，其余两门花色为2-1分布，牌型9-2-1-1。可打5♣。

—：不叫。

 第六章 特殊牌型的开叫与应叫

开叫条件：

牌点："含牌型点"7～10点。

牌型：（一）两门花色为单张的牌型（简称双单张牌型）或三门花色为单张的牌型（简称三单张牌型）；

（二）一门花色为缺门的牌型（简称单缺牌型），或两门、三门花色为缺门的牌型（简称双缺、三缺牌型）；

（三）单张与缺门组合而成的牌型。

局况：任意。

开叫叫品：1♣。

本书第一版中写道："含牌型点"4～10点，开叫1♦；"含牌型点"11点及以上开叫1♣。这次改版，改为"含牌型点"7～10点，取消1♦开叫，一律开叫1♣。

所谓特殊牌型指有两门（或三门花色）为单张的牌型，有一门花色（或两门花色、三门花色）为缺门的牌型，以及单张与缺门组合的牌型。这些牌型绝大多数属于难见牌型，其出现概率的总和为6.35%。但它们一旦出现，你又掌握了它们的开叫与应叫的方法，恰如其分地叫到最佳定约（或最佳牺牲叫），那么，你的叫牌水平已非一般水平了。换句话说，特殊牌型的开叫与应叫是桥牌开叫与应叫中较难的部分。

本叫牌体系是通过两种方法，把这些较难的牌型的开叫与应叫转化为较简单的开叫与应叫。这两种方法是：

1. 计算牌型点：特殊牌型的价值在于其牌型的特殊性。牌型点的计算规定如下：缺门＝4点，单张＝2点。"含牌型点"＝自然牌点＋牌型牌点。

2. 将开叫者固定为决策者：本叫牌体系的决策者的叫牌程序是比较简单

的，将持有特殊牌型的叫牌人固定为决策者，就可以将"较难"转化为"较易"了。

如果开叫人是特殊牌型，而且应叫人也是特殊牌型的话，那怎么办呢？这时，应叫人可以升四档应叫，如果开叫人继续用接力叫叫品时，表示开叫人的牌型"更特殊"，开叫人仍为决策者，应叫人仍为参谋者，继续应叫；如果开叫人叫出的非接力叫的花色叫品时，表示开叫人已同意转为参谋者，按应叫程序应叫，而原应叫人随即转为决策者，用接力叫继续问叫。

持特殊牌型的参谋者，当决策者问 A 和问 K 时，答叫的一般规定如下：缺门的牌当有"A"计算进行答叫。至于单张是否当有"K"答叫，要视具体情况而定。但必须指出的是，当应叫者在叫牌过程中，已将缺门或单张的花色表示清楚时，该花色就不能再报持有"A"或"K"了。

例 6-1

南发牌　双方无局

♠ K J 7 6
♥ A 5
♦ A J 10 4
♣ 9 8 7

```
      北
  西      东
      南
```

♠ A Q 10 9 8
♥ K 9 8 7
♦ 8 7 6 5
♣ —

叫牌过程

南	北
1♣	2♦
2♥	2NT
3♣	3♦
3♥	3♠
4♣	4♥
4♠	—

叫牌信息语义

南

①1♣：含牌型点 11 点以上，特殊牌型单缺牌。

②2♥：接力叫。

③3♣：接力叫。

④3♥：接力叫。

⑤4♣：接力叫。

⑥4♠：止叫。同伴 11 点左右，平均牌型 4-4-3-2。方块黑桃为 4 张套。方块可能输 1~2 墩，可打 4♠。

⑦—：不叫。

北

2♦：11 点左右，升二档应叫。

2NT：平均牌型，应叫程序："38-442"。

3♦：最强 4 张套，至少有 1 张大牌。

3♠：次强 4 张套，有 1 张大牌。

4♥：2 张套，可能有 1 张大牌。

—：不叫。

例 6-2

南发牌　双方有局

♠ K 2
♥ A K 9 8
♦ 10 6 4 2
♣ 8 7 5

♠ A 10 9 8 7 6 5 4 3
♥ Q 10 6
♦ 5
♣ —

叫牌过程

南	北
1♣	1♠
1NT	2NT
3♣	3♥
3♠	4♦
4♥	4♠
4NT	5♦
5NT	6♥
6♠	—

叫牌信息语义

南

① 1♣：含牌型点，10点特殊牌型。
② 1NT：接力叫。
③ 3♣：接力叫。
④ 3♠：接力叫。
⑤ 4♥：接力叫。
⑥ 4NT：问A。
⑦ 5NT：问K。
⑧ 6♠：止叫。同伴9点左右，平均牌、红桃、黑桃有大牌，可打6♠。
⑨ —：不叫。

北

1♠：低花无大牌，降档应叫。

2NT：平均牌，应叫程序："38-442"。

3♥：最强4张套。

4♦：方块4张套。

4♠：黑桃2张套，有1张大牌。

5♦：1个A。

6♥：2个贴邻的K。

—：不叫。

例 6-3

南发牌　东西有局

♠ Q J 7 6 5
♥ 5 3
♦ A Q 9
♣ 10 9 8

♠ A K 10 9 8
♥ A K 10 9 8 2
♦ 7
♣ 5

叫牌过程

南	北
1♣	1♠
1NT	2♠
2NT	3NT
4♣	4♦
4NT	5♦
5NT	6♣
6♠	—
—	

叫牌信息语义

南

①1♣：含牌型点 18 点，开叫 1♣。

②1NT：接力叫。

③2NT：接力叫。

④4♣：接力叫。

⑤4NT：问 A。

⑥5NT：问 K。

⑦6♠：止叫。同伴 8 点左右，单套牌。有方块 A。牌型 5-3-3-2 或 5-4-2-2，只输 1 墩草花，可打 6♠。

⑧—：不叫。

北

1♠：8±1 点，升一档应叫。

2♠：黑桃 5 张，有 1 张大牌，应叫程序："35-142"。

3NT：没有单张。

4♦：方块有 1 张大牌，按 4 张套报。

5♦：1 个 A。

6♣：没有 K。

—：不叫。

第六章 特殊牌型的开叫与应叫

例 6-4

南发牌　双方有局

♠ Q 10 9 7 6 5
♥ A J 10 9 8 7 6
♦ —
♣ —

♠ A K J 8
♥ 5
♦ 8 7 6
♣ A K Q 10 9

叫牌过程

南	北
1♣	3♣
4♣	4♦
4♥	4NT
5♠	5NT
6♠	7♠
—	—

叫牌信息语义

南

①1♣：16点以上，开叫1♣。

②4♣：非接力叫，同意转为参谋者，续叫程序："35-142"。

③4♥：红桃单张。

④5♠：2个相隔的A。

⑤6♠：2个相隔的K。

⑥—：不叫。

北

3♣：双缺门，更特殊，升四档应叫。

4♦：转决策者，接力叫。

4NT：问A。

5NT：问K。

7♠：止叫。同伴有草花A和黑桃A，草花K和黑桃K（或红桃K）。牌型5-4-3-1，可打7♠。

—：不叫。

131

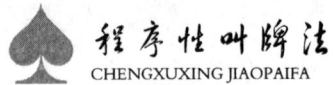

例 6-5

南发牌　双方无局

- ♠ 10 9 8 7
- ♥ Q 7 6 5
- ♦ A K
- ♣ A Q 10

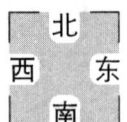

- ♠ 3
- ♥ 2
- ♦ Q J 10 9 8 7 6 5 4
- ♣ 7 6

叫牌过程

南	北
1♣	2♥
2♠	2NT
3♣	3♥
3♠	4♣
5♦	—
—	

叫牌信息语义

南

①1♣：含牌型点 7 点，特殊牌型，叫 1♣。

②2♠：接力叫。

③3♣：接力叫。

④3♠：接力叫。

⑤5♦：止叫。同伴 14 点左右，红桃、草花有大牌，方块还应有至少 1 张大牌，勉强可打 5♦。

⑥—：不叫。

北

2♥：14±1 点，升三档应叫。

2NT：平均牌，应叫程序："38-442"。

3♥：较强 4 张套。

4♣：草花至少 1 张大牌，按 4 张套报。

—：不叫。

例 6-6

南发牌　南北有局

♠ —
♥ 3
♦ 9 8 7 6 5
♣ Q 9 8 7 6 5 4

```
    北
西      东
    南
```

♠ K 9 8 7
♥ A Q J 10 9
♦ 4
♣ A K 3

叫牌过程

南	北
1♣	3♣
3♥	3♠
4♦	5♣
—	—

叫牌信息语义

南

①1♣：11点及以上。

②3♥：同意转参谋者，红桃5张，续叫程序："35－142"。

③4♦：方块单张。

④—：不叫。

北

3♣：牌型特殊难叫清楚，按16点以上答叫，转决策者。

3♠：接力叫。

5♣：止叫。同伴方块单张。红桃5张，有AK（或AQ）。同伴同意转为参谋者，说明其牌型不特殊，牌点多为16点及以下，可打5♣。

—：不叫。

例6-7

南发牌　东西有局

♠ A K 10 9 8 7
♥ 5
♦ A J 8 7 6
♣ 3

```
    北
 西    东
    南
```

♠ Q 6 5
♥ A K 10 9 8
♦ 3 2
♣ Q 8 7

叫牌过程

南	北
1♥	3♥
3NT	4♣
4♥	4♠
—	—

叫牌信息语义

南

①1♥：11~15点，红桃5张。

②3NT：没有单张，续叫程序："351-42"。

③4♥：没有4张套，重叫前叫品。

④—：不叫。

北

3♥：牌型特殊，升四档应叫，转决策者。

4♣：接力叫。

4♠：止叫。同伴11~15点，红桃5张且有AK（或AQ），牌型5-3-3-2。其余花色至少两门还有大牌。方块和草花均有输墩，只能打4♠。

—：不叫。

第六章 特殊牌型的开叫与应叫

例 6-8

南发牌 双方无局

- ♠ Q 10 9 6
- ♥ A 9 8 7
- ♦ K Q J 5
- ♣ 2

- ♠ —
- ♥ 3
- ♦ A 10 9 8 7 6
- ♣ A 8 7 6 5 4

叫牌过程

南	北
1♣	2NT
3♣	4♣
4♦	4♥
4NT	5♦
5NT	6♦
—	

叫牌信息语义

南

①1♣：牌型特殊，开叫 1♣。

②3♣：接力叫。

③4♦：接力叫。

④4NT：问 A。

⑤5NT：问 K。

⑥—：不叫。同伴 11～15 点，三套牌，草花单张，其余花色均有大牌，有红桃 A，可打 6♦。

北

2NT：含牌型点 14 点，三套牌，应叫程序："71444"。

4♣：草花单张。

4♥：较强 4 张套。如叫方块容易过头。

5♦：1 个 A。

6♦：1 个 K。

—：不叫。

例 6-9

南发牌　双方有局

♠ Q 7 6 5 4
♥ 5
♦ 3
♣ A K 10 7 6 5

```
  北
西  东
  南
```

♠ A K 10 9 8
♥ A Q 7
♦ 9 8 5 4
♣ 4

叫牌过程

南	北
1♠	3♠
4♣	4♦
4♥	4NT
5♥	5NT
6♦	6♠
—	—

叫牌信息语义

南

①1♠：11～15点，黑桃5张。

②4♣：草花单张，转参谋者，续叫程序："35－142"。

③4♥：红桃有2张大牌，按4张套报。

④5♥：2个贴邻的A，即黑桃A和红桃A。

⑤6♦：1个K。

⑥—：不叫。

北

3♠：牌型特殊，升四档应叫，转决策者。

4♦：接力叫。

4NT：问A。

5NT：问K。

6♠：止叫。同伴11～15点，有黑桃A、红桃A，还有黑桃K（或红桃K，可打6♠）。

—：不叫。

第六章 特殊牌型的开叫与应叫

例 6-10

南发牌 东西有局

♠ —
♥ K J 10 9 8
♦ 9
♣ A 10 9 8 7 5 4

（方位图：北、西、东、南）

♠ 10 6
♥ A Q 7 5
♦ A K 10 8
♣ Q 6 3

叫牌过程

南	北
1♣	3♣
3NT	4♣
4♦	4NT
5♥	5NT
6♦	6♥
—	—

叫牌信息语义

南

①1♣：11～15点，平均牌型，开叫1♣。

②3NT：平均牌型，转参谋者，续叫程序："38-442"。

③4♦：最强47张套。

④5♥：贴邻的2个A。

⑤6♦：1个K，多半是方块K。

⑥—：不叫。

北

3♣：牌型特殊，升四档应叫转决策者。

4♣：接力叫。

4NT：问A。

5NT：问K。

6♥：止叫。同伴11～15点，平均牌型，红桃还有AQ，方块有AK，想办法打大草花长套，可打6♥。

—：不叫。

第七章 竞争性叫牌及牺牲叫

第一节 竞争性叫牌

（一）一般概念

所谓竞争性叫牌，是指敌我双方都在作出叫牌。为了阐述的方便，本叫牌体系将竞争性叫牌分为：

1. 进攻性叫牌：我方先开叫，敌方争叫的叫牌方式，称为进攻性叫牌。
2. 防守性叫牌：敌方先开叫，我方争叫的叫牌方式，称为防守性叫牌。

竞争性叫牌与前面几章的非竞争性叫牌的最大区别在于：除了原来的三十五个叫品外，增加了两个叫品，一个是"加倍"——符号为"X"，另一个是"再加倍"——符号为"XX"。由于"加倍""再加倍"的引入和运用，使竞争性叫牌比非竞争性叫牌更加复杂、更加激烈、更加丰富多彩。

如果没有"加倍"和"再加倍"这两个叫品，那么前几章所述的内容完全可以应用到竞争性叫牌中来。本叫牌体系的第一应叫不但采用点套共息，而且采用信息叠加的方法应叫，在敌方不叫牌时，在开叫人的叫品上叠加，升档应叫；在敌方争叫时，在敌方争叫叫品上叠加，升档应叫即可。因此，本叫牌体系是不受干扰的叫牌体系。

然而，由于"加倍""再加倍"两个叫品的出现，使某些叫品的含义与前几章所述的含义有所区别，详见后面各节。

无论什么叫牌体系，从加倍的性质和作用看，基本上是一致的，即将加倍分为技术性加倍和惩罚加倍两种。技术性加倍是同伴之间信息交流的一个叫品、一种方式，主要用于同伴之间的信息交流（当然，对方也接收到同样的信息），而惩罚性加倍主要是用于对对方的惩罚。

本叫牌体系只讨论与开叫、应叫有关的加倍，并规定如下：

1. 技术性加倍：主要由参谋者使用，参谋者的大多数加倍与再加倍均为技术性加倍。决策者仅在防守叫牌中的第一叫才使用技术性加倍，其他情况一般不使用。个别情况为了防止叫过头，接力叫也可以用技术性加倍代替。

2. 惩罚性加倍：主要由决策者使用。如果同伴之间都没有叫牌，则对敌方作惩罚性加倍者，他就是决策者。敌方任何成局定约后，我方决策者的加倍大多数为惩罚性加倍，我方的参谋者不得再叫。参谋者一般不准使用惩罚性加倍，只有当参谋者单手牌就可以打败定约时才可以使用惩罚性加倍。

由于加倍与再加倍的多义性，它比一般的叫品更难掌握，要想用得好，需要更多的经验，更多的分析、推理和判断。对于一般水平的牌手，在使用惩罚性加倍时，切记"宁可不加倍也勿乱加倍"。

（二）本叫牌体系对与开叫、应叫有关的加倍、再加倍的分类定义：

1. "示牌性加倍"：只允许我方开叫、敌方争叫后，参谋者的大牌点在6点及以下时使用。用以表示应叫人6点及以下，并持有我方开叫人开叫花色中一张及以上的大牌。

（1）同伴开叫后，第二家（你的右手对方）叫加倍，你6点及以下，但在同伴开叫的花色中有一张及以上的大牌，此时你叫再加倍；如果在同伴开叫的花色中无大牌，则不叫。

（2）同伴开叫后，第二家以一新叫品进行争叫，此时你牌点6点以下，但在同伴开叫的花色中一张及以上大牌，叫加倍；如果在同伴开叫的花色中无大牌，则不叫。

2. "替叫性加倍"：其含义是使用加倍表示前面敌方最后的实叫叫品就是自己要叫的叫品。参谋者可多次使用。决策者在进攻性叫牌中不能使用，在防守性叫牌中除第一叫示强性加倍外，不能使用。例7－1－6中第二轮东叫"X"就是替叫性加倍，表示东草花5张。因为东示弱性防守应叫后第二轮应报5张套，而北先叫了草花，故东用"X"表示北替他叫了草花，称之"替叫性加倍"。

3. "示强性加倍"：只允许防守叫牌中的开叫人使用（即第二家争叫者）。对方开叫后，你处于第二家作防守争叫，如果你持有11点及以上时，就使用

"加倍"，这就是示强性加倍；如果你在仅有 6~10 点且有单张的情况下（即符合示弱性开叫的条件）就用花色开叫并随即转为参谋者。例 7-1-1 中，南开叫 1♠，西叫"X"，表示 11 点及以上。例 7-1-2 中，南开叫 1♣，西叫 1♥——示弱性争叫，表示 6~10 点，红桃 5 张，并随即转为参谋者。

4."惩罚性加倍"：一般在敌方叫到成局定约后的加倍多为惩罚性加倍。主要由决策者使用。目的是打宕定约的可能性很大，希望获得多些罚分。在一般情况下，参谋者不能使用惩罚性加倍。在特殊情况下，当参谋者个人能够击败定约时，他也可以用惩罚性加倍。

（三）竞争性叫牌

竞争性叫牌的特点是双方都在争叫。如果双方都用本叫牌法叫牌的话，竞争性叫牌实际上是双方决策人之间斗智、斗力的过程。如果叫品足够的话，双方决策者都可以算出对方的牌点、牌型，几乎相当于"四明手"。但由于互相争叫，叫牌空间有限，往往难以叫清自己的牌。这时，双方的决策人就要依靠有限的信息，运用简单的数学运算、适当的推理，分析判断敌方的牌点、牌型和打牌实力，从而在进攻、防守、牺牲之间做出战略性的决策。这就要求决策者要掌握不同的叫牌体系、不同叫品的含义、比赛的形式、局况、计分方法、比赛不同阶段对手的情况，你在不同阶段的积分位置等，做到"知己知彼，百战不殆"。

1. 进攻性叫牌（第一家开叫，第三家应叫）

（1）开叫者（第一家）开叫：开叫者根据手上的牌点、牌型、局况等情况分别选择"不叫"、"示强性开叫"（1♣、1♥、1♠、1NT）或"示弱性开叫"（1♦）、多阶花色开叫等，与前面各章所述的开叫完全一样。换句话说，竞争性叫牌对第一家开叫人是完全没有影响的。

第一家开叫人的叫牌程序："01119"。

（2）应叫者（第三家）应叫：假设对方（第二家）已争叫，你的应叫按如下情况应叫。

A. 6 点及以下的应叫：

a. 常见牌型，同伴开叫花色中无大牌，不叫；

b. 对方（第二家）叫"加倍"，你在同伴开叫的花色中有一张及以上大牌，叫"再加倍"；

c. 对方（第二家）叫出新花色，你在同伴开叫花色中有一张及以上大牌，叫"加倍"；

第七章　竞争性叫牌及牺牲叫

d. 对方（第二家）叫出新花色，你在同伴开叫花色中无大牌，不叫。

B. 7~15 点的应叫：与前面各章所述的应叫方式一样。所不同的是第一应叫的点套共息在对方（第二家）的叫品基础上叠加，升档应叫。如果对方（第二家）的叫品是"加倍"，则在同伴的叫品上升档应叫。后续叫牌可不断使用"替叫性加倍"，以节省叫牌空间，利用对方的信息来表达自己的牌情。

C. 16 点及以上的应叫：

a. 当对方（第二家）不叫或叫"加倍"时，升四档应叫，并随即转化为决策方；

b. 当对方（第二家）叫实叫叫品（花色或无将）时，扣叫对方的叫品表示 16 点及以上。所谓扣叫对方的叫品，即对方叫什么叫品，你升一阶叫同样叫品。比如同伴开叫 1♣，对方叫 1♥，你叫 2♥ 就是扣叫对方的叫品，表示你 16 点及以上，并随即转为决策者。假如你 7~15 点升档应叫的叫品刚好是对方的叫品时，则降档应叫，以免与 16 点及以上扣叫相冲突。

应叫者的应叫程序：除上述第一应叫的规定外，后续应叫程序不变，即：

单套牌："第一应叫—5142"。

双套牌："第一应叫—51 4 2"。
　　　　　　　　　　　　＋

平均牌："第一应叫—8442"。

叁套牌："第一应叫——71444"。

叁套牌有时要多叫一次 NT，以别于平均牌型。

2. 防守性叫牌（第二家防守开叫，第四家应叫）

(1) 开叫者（第二家防守开叫）开叫：

A. 如果进攻性叫牌的开叫者（第一家）不叫，防守性开叫者就变成了第一开叫人，与前面各章所述的开叫方法完全一样。

B. 如果进攻性开叫者（第一家）已开叫，防守方争叫者（第二家）持 11 点及以上，一律采用示强性加倍"X"表示，此为逼叫性叫品。

C. 如果进攻性开叫者已开叫，你（第二家）的牌情、局况符合示弱性开叫的条件：6~10 点，半特殊以上的牌型（即有单张花色），局况有利时，可采用防守性示弱开叫，即在第一开叫人叫品上加一级（一盖一的叫品为示弱），并随即转为参谋者，如需要则按牌型继续应叫。

(2) 应叫者（第四家）应叫：

A. 同伴（第二家）示强性开叫后你的应叫：

a. 对方（第三家）不叫，你必须应叫，按前面各章所述的方式应叫。

b. 对方（第三家）叫"XX"，你6点及以下，不叫；你7~15点，按牌点、牌型升档应叫；你16点及以上，升四档应叫，随即转为决策者。

c. 对方（第三家）已升档应叫，你6点及以下，不叫；7~15点则在第三家叫品上升档应叫；你16点及以上时，则扣叫对方（第三家）所叫的叫品，并随即转为决策者。

B. 同伴防守性示弱开叫（第二家开叫）后你的应叫：

a. 对方（第三家）不叫，你必须接力应叫，并转决策者。

b. 对方（第三家）叫"X"，你6点及以下，不叫；6~10点，一般牌型不叫，半特殊牌型可用接力叫应叫，并转为决策者；11点及以上一定要用接力叫应叫并立即转为决策者。

c. 对方（第三家）已升档应叫，你6点及以下，不叫；你6~10点，一般牌型时不叫，半特殊牌型情况可叫可不叫；11点及以上时，一定要用接力叫应叫并随即转为决策者。

防守叫牌中的二阶及多阶开叫含义不变。

除上述规定外，防守性叫牌的后续叫牌仍按"开叫基本程序"及"应叫基本程序"叫牌。

例 7-1-1　　南发牌　南北有局

♠ Q 10 6 5
♥ 2
♦ 9 8 4
♣ J 9 4 3 2

♠ J 2
♥ J 9 6 5
♦ A K 5
♣ K 10 7 5

♠ 8 4
♥ A Q 10 7 3
♦ Q 7 2
♣ A Q 8

♠ A K 9 7 3
♥ K 8 4
♦ J 10 6 3
♣ 6

第七章 竞争性叫牌及牺牲叫

叫牌过程

	南	西	北	东
①	1♠	X	XX	3♣
②	—	3♦	—	3♥
③	—	4♥	—	—
④	—	—		

叫牌信息语义

南

①1♠：11~15点黑桃5张。

②—：不叫，我方只有16点左右，不能打。

③—：不叫。

④—：不叫。

北

XX：6点及以下，黑桃中有1张大牌，示牌性再加倍。

—：不叫。

—：不叫。

西

①X：11~15点，示强性加倍。

②3♦：接力叫。

③4♥：止叫。我方26点左右，可打4♥。

④—：不叫。

东

3♣：14点左右，升三档应叫。

3♥：红桃5张，有1~2张大牌，单套牌。

—：不叫。

例 7-1-2　　南发牌　双方有局

♠ 10 8 7 6 4
♥ J 5 4 3
♦ Q
♣ Q 4 2

♠ 3
♥ A K 10 9 8
♦ K 10 6 5
♣ 10 9 5

♠ Q 2
♥ Q 7 6
♦ J 4 3 2
♣ K J 7 6

♠ A K J 9 5
♥ 6
♦ A 9 8 7
♣ A 8 3

叫牌过程

	南	西	北	东
①	1♣	1♥	X	—
②	1♠	—	2♠	—
③	2NT	—	3♦	—
④	3♥	—	4♥	—
⑤	4♠	—	—	—
⑥	—			

第七章 竞争性叫牌及牺牲叫

叫牌信息语义

南

①1♣：11点及以上。

②1♠：接力叫。

③2NT：接力叫。

④3♥：接力叫。

⑤4♠：止叫。同伴3点左右，黑桃5张，方块单张，勉强可打4♠。

⑥—：不叫。

北

X：6点以下，草花中有1张大牌，示牌性加倍。

2♠：黑桃5张，单套牌，应叫程序："35−142"。

3♦：方块单张。

4♥：红桃4张。

—：不叫。

西

①1♥：6～10点，示弱性，争叫，转参谋者。

②—：东不叫3，我也不能再叫。

③—：不叫。

④—：不叫。

⑤—：不叫。

东

—：牌点低，牌型也不好，放弃叫牌。

—：不叫。

—：不叫。

—：不叫。

—：不叫。

例 7-1-3　　南发牌　双方有局

```
              ♠ Q 8 6 3
              ♥ K 10 5 4 3
              ♦ 8
              ♣ K 7 6
♠ A J 10 9                    ♠ K 7 4 2
♥ 9 7 6        北              ♥ J 2
♦ A Q J 7 5  西   东            ♦ K 4 3 2
♣ 3            南              ♣ A 4 2
              ♠ 5
              ♥ A Q 8
              ♦ 10 9 6
              ♣ Q J 10 9 8 5
```

叫牌过程

	南	西	北	东
①	1♦	X	1♥	2♠
②	3♣	3♦	—	3NT
③	—	4♣	—	4♦
④	—	4♠	—	—
⑤	—	—		

叫牌信息语义

南

①1♦：示弱性开叫。6~10点，转参谋者。

②3♣：草花5张至少有1张大牌应叫程序"1♦-5142"。

③—：不叫。

④—：不叫。

⑤—：不叫。

北

1♥：8点，转决策者，接力叫。

—：不叫，我方只有16点左右。

—：不叫。

—：不叫。

第七章 竞争性叫牌及牺牲叫

西

①X：11~15 点，示强性加倍。

②3◆：接力叫。

③4♣：接力叫。

④4♠：止叫，同伴 11 点左右，平均牌型，有黑桃 K（或 Q），方块 K，草花、红桃中还必有大牌，勉强可打 4♠。

⑤—：不叫。

东

2♠：11 点左右，升二档应叫。

3NT：平均牌型。没有 5 张套，应叫程序："8442"。

4◆：方块 4 张。

—：不叫。

例 7-1-4 南发牌 双方无局

♠ Q 10 9 7 6
♥ J 4 2
◆ Q 9
♣ Q 4 3

♠ J 2
♥ K 8 6 3
◆ K 7 6 5
♣ 10 8 2

♠ A 4 3
♥ 10 9 7 5
◆ 4 3 2
♣ A 7 5

♠ K 8 5
♥ A Q
◆ A J 10 8
♣ K J 9 6

叫牌过程

	南	西	北	东
①	1NT	—	2♣	—
②	2◆	—	2♠	—
③	2NT	—	3♠	—
④	3NT	—	—	—
⑤	—			

叫牌信息语义

南

①1NT：16点以上，但要保护K，开叫1NT。

②2◆：接力叫。

③2NT：接力叫。

④3NT：止叫。同伴6点及以下，黑桃5张，没有单张。牌型5-3-3-2或5-4-2-2，可打3NT。

⑤—：不叫。

北

2♣：6点及以下。

2♠：黑桃5张。单套牌，应叫程序："35—142"。

3♠：没有单张，重叫前面叫品。

—：不叫。

西

①—：7点，牌型也不好，无法争叫。

②—：不叫。

③—：不叫。

④—：不叫。

东

—：8点，牌型也平均，不叫。

—：不叫。

—：不叫。

—：不叫。

例7-1-5　西发牌　南北有局

```
            ♠ K 10
            ♥ A K 10 9 4
            ♦ Q J 10 3
            ♣ 7 2

♠ J 5                        ♠ 8 7 2
♥ J 7 3       北             ♥ Q 8 5
♦ K 8 5 3   西   东           ♦ 7 6
♣ A Q J 10    南             ♣ K 9 6 4 3

            ♠ A Q 9 6 4 3
            ♥ 6 2
            ♦ A 9 4
            ♣ 8 5
```

第七章 竞争性叫牌及牺牲叫

叫牌过程

	西	北	东	南
①	1♣	X	XX	2♦
②	2♥	2♠	3♣	3♠
③	—	4♣	—	4♠
④	—	—		

叫牌信息语义

西

①1♣：11～15点，叫1♣。

②2♥：接力叫。

③—：不叫，同伴5点以下，我方17点左右。

④—：不叫。

东

XX：6点以下，草花有1张大牌，示牌性再加倍，应叫程序："3-5142"。

3♣：草花5张。

—：不叫。

—：不叫。

北

①X：11～15点，示强性加倍。

②2♠：接力叫。

③4♣：接力叫。

④—：止叫。同伴11点左右，黑桃5张套，无单张。方块有1张大牌。牌型5-3-3-2或5-4-2-2。勉强打4♠。

南

2♦：11点左右，升二档应叫。

3♠：黑桃5张（降阶叫），至少有1张大牌。应叫程序："35-142"。

4♠：无单张，重叫前面叫品。

—：不叫。

例 7-1-6　南发牌　双方有局

```
            ♠ K Q 7 6 3
            ♥ Q J 10 4 3 2
            ♦ —
            ♣ K 5
♠ 5 4                        ♠ 9
♥ A K 9 6      北            ♥ 8 7 5
♦ A K 10 7   西  东          ♦ Q J 4 2
♣ A 9 7        南            ♣ Q J 10 6 3
            ♠ A J 10 8 2
            ♥ —
            ♦ 9 8 6 5 3
            ♣ 8 4 2
```

叫牌过程

	南	西	北	东
①	—	1♣	X	XX
②	1♠	1NT	2♣	X
③	2♠	4♣	4♦	—
④	4♥	—	4♠	—
⑤	—	—	—	

叫牌信息语义

南

① —：含牌型点 8 点，不能开叫。

② 1♠：8 点，升一档应叫。应叫程序："3－5$\overset{+}{1}$52"，双套牌。

③ 2♠：黑桃 5 张，有 1 张大牌。

④ 4♥：红桃按单张报，防止叫过头。

⑤ —：不叫。

北

X：11 点以上，示强性加倍。

2♣：接力叫。

4♦：接力叫。

4♠：止叫。同伴 8 点左右，有黑桃 A，通过相互将吃可得 10 墩，可打 4♠。

—：不叫。

西

① 1♣：16 点及以上。

② 1NT：接力叫。

③ 4♣：阻击叫。

④ —：不叫。

⑤ —：不叫。

东

XX：6 点以下，草花中有 1 张大牌，示牌性再加倍。

X：替叫性加倍，草花 5 张。

—：不叫。

—：不叫。

例7-1-7   南发牌   双方无局

```
            ♠ 5
            ♥ K 7 6 5
            ♦ 9 4 3
            ♣ K Q J 10 9
♠ A K 6 4 3              ♠ Q J 2
♥ J 10 3 2               ♥ A Q 9 8
♦ 5                      ♦ Q 7 6 2
♣ 5 3 2                  ♣ 7 6
            ♠ 10 9 8 7
            ♥ 4
            ♦ A K J 10 8
            ♣ A 8 4
```

叫牌过程

	南	西	北	东
①	1♣	1♦	1♥	1♠
②	2♣	2♠	3♣	3♦
③	3♥	4♦	4♠	—
④	5♣	—	—	—
⑤	—			

152

叫牌信息语义

南

①1♣：11点及以上。

②2♣：接力叫。

③3♥：接力叫。

④5♣：止叫。同伴8点左右，草花5张，黑桃单张，红桃也有1张大牌，勉强可打5♣。

⑤—：不叫。

北

1♥：升一档应叫，8点左右。单套牌，应叫程序："3-5142"。

3♣：草花5张，至少有1张大牌。

4♠：黑桃单张。

—：不叫。

西

①1♦：示弱防守叫，6～10点，有单张。转参谋者，后续程序："1♦-5142"。

②2♠：黑桃5张。

③4♦：方块单张。

④—：不叫。

东

1♠：接力叫。转决策者。

3♦：接力叫。

—：不叫。

—：不叫。

例 7-1-8　　南发牌　南北有局

```
            ♠ 6 4 3 2
            ♥ A
            ♦ A Q 8 6
            ♣ 10 9 8 7
♠ —                         ♠ K 10 9 8
♥ Q J 10 7 6 5 4 3          ♥ K 9 8 2
♦ K 4 2                     ♦ 3
♣ 3 2                       ♣ J 6 5 4
            ♠ A Q J 7 5
            ♥ —
            ♦ J 10 9 7 5
            ♣ A K Q
```

叫牌过程

	南	西	北	东
①	1♣	3♥	3NT	4♥
②	4NT	—	5♥	—
③	5NT	—	6♣	—
④	6♠	—	—	—
⑤	—			

叫牌信息语义

南

① 1♣：11 点及以上。

② 4NT：问 A。

③ 5NT：问 K。

④ 6♠：止叫。同伴 7～10 点，三套牌。有红桃 A 及方块 A。红桃可能为单张，因东西均

北

3NT：7～10 点，三套牌，应叫程序："7-1444"。

5♥：2 个贴邻的 A。

6♣：没有 K。

—：不叫。

叫红桃。黑桃或方块可能输1墩，可打6♠。

⑤—：不叫。

西　　　　　　　　　　　东

①3♥：7～10点，红桃8～9张，至少有1张大牌。转参谋者。　　4♥：决策者，止叫。

②—：不叫。　　　　　　—：不叫。

③—：不叫。　　　　　　—：不叫。

④—：不叫。

例7-1-9　　南发牌　东西有局

♠ Q 9 8 7 5
♥ 7 3
♦ A Q
♣ 9 8 4 3

♠ K J 10 6 4 3　　　　　　　♠ —
♥ 6 4　　　　　　　　　　　♥ K Q J 10 5 2
♦ 9 4　　　　　　　　　　　♦ K 3 2
♣ K Q 7　　　　　　　　　　♣ 10 6 5 2

♠ A 2
♥ A 9 8
♦ J 10 8 7 6 5
♣ A J

叫牌过程

	南	西	北	东
①	1♣	—	1♠	3♥
②	3♠	X	XX	4♥
③	—	—		

叫牌信息语义

南

①1♣：11点及以上。

②3♠：接力叫。

③—：不叫。

北

1♠：8点左右，升一档应叫。应叫程序："3-5142"。

XX：替叫性再加倍，黑桃5张。

—：不叫。

西

①—：8点及以下。

②X：替叫性加倍，黑桃5张。

③—：不叫。

东

3♥：红桃6~7张，转决策者。

4♥：同伴8点左右。我方所牌型点约22点左右，勉强可打4♥。

—：不叫。

例 7-1-10　　南发牌　双方有局

♠ K 7 6 3
♥ Q J 4
♦ A
♣ Q 10 7 3 2

♠ A 5 4
♥ 6 3 2
♦ K J 10 7 5 3
♣ 9

北
西　东
南

♠ Q 9
♥ 10 8 7
♦ Q 9 4 2
♣ J 8 6 4

♠ J 10 8 2
♥ A K 9 5
♦ 8 6
♣ A K 5

第七章 竞争性叫牌及牺牲叫

叫牌过程

	南	西	北	东
①	1♣	2♦	3♣	—
②	3♦	—	4♣	—
③	4♦	X	XX	—
④	4♥	—	—	—
⑤	—			

叫牌信息语义

南

①1♣：11点及以上。

②3♦：接力叫。

③4♦：接力叫。

④4♥：止叫。同伴11点左右，5张草花，单张方块，红桃至少3张，黑桃、红桃必有大牌，否则不够11点。可打4♥或5♣，稳妥点，还是打4♥吧！

⑤—：不叫。

北

3♣：11点左右。升二档应叫。

4♣：草花5张，至少1张大牌，单套牌。应叫程序："35－142"。

XX：替叫性再加倍，方块单张。

—：不叫。

西

①2♦：示弱性二阶开叫，6张方块，7~10点。

②—：不叫。

③X：惩罚性加倍。

④—：不叫。

东

—：不叫。4点以下。

—：不叫。

—：不叫。

—：不叫。

例 7-1-11　南发牌　双方有局

```
              ♠ 9 5 3 2
              ♥ 9 8 4
              ♦ A K J 10
              ♣ Q 5
♠ Q 7 6                    ♠ K 10 4
♥ J 10 7 6     北          ♥ 5 3 2
♦ 7          西  东         ♦ Q 9 6 5 2
♣ A 9 8 7 3    南          ♣ J
              ♠ A J 8
              ♥ A K Q
              ♦ 8 4 3
              ♣ K 6 4 2
```

叫牌过程

	南	西	北	东
①	1♣	—	2♦	—
②	2♥	—	2NT	—
③	3NT	—	—	—
④	—			

叫牌信息语义

南

①1♣：11 点及以上。

②2♥：接力叫。

③3NT：止叫，打 3NT。同伴 11 点左右，平均牌型，合共 27~28 点之间，可打 3NT。

④—：不叫。

北

2♦：10 点，升二档应叫。

2NT：平均牌型，应叫程序："3 −8442"。

—：不叫。

第七章 竞争性叫牌及牺牲叫

西 东
① —：不叫。6点及以下。　　　　　—：不叫。6点及以下。
② —：不叫。　　　　　　　　　　—：不叫。
③ —：不叫。　　　　　　　　　　—：不叫。

例 7-1-12　南发牌　南北有局

♠ A K 9 6 5 3
♥ 4
♦ 10 6 5 4
♣ 7 5

♠ Q 7　　　　　　　　　　　　♠ 2
♥ J 10 9 7 6　　　　　　　　　♥ A Q 8 3 2
♦ Q J　　　　　　　　　　　　♦ 9 3 2
♣ A Q 8 6　　　　　　　　　　♣ 9 4 3 2

♠ J 10 8 4
♥ K 5
♦ A K 8 7
♣ K J 10

叫牌过程

	南	西	北	东
①	1NT	X	2♦	—
②	2♥	X	2♠	3♥
③	3♠	4♥	X	—
④	4♠	—	—	—
⑤	—			

叫牌信息语义

南

①1NT：11 点以上，平均牌，要保护"K×"故叫 1NT。

②2♥：接力叫。

③3♠：接力叫。

④4♠：止叫。同伴 7 点及以下，单套牌，黑桃 5 张，红桃单张。我方合计 22 点，勉强可打 4♠。

⑤—：不叫。

北

2♦：7 点及以下，高花无法叫出，降档叫。

2♠：黑桃 5 张。应叫程序："35－142"。

X：替叫性加倍，红桃单张。

—：不叫。

西

① X：11 点及以上，示强性加倍。

②X：替叫性加倍，红桃 5 张。

③4♥：止叫，牺牲叫。

④—：不叫。

东

—：6 点及以下，不叫。

3♥：红桃 5 张，至少 1 张大牌。

—：不叫。

—：不叫。

例 7-1-13   南发牌   东西有局

♠ A K
♥ 9 8 4 2
♦ 4 3
♣ A J 8 5 3

♠ Q 8 7 6 5 4
♥ —
♦ A 9 8 7 6 5
♣ Q

♠ 10 2
♥ J 10 6
♦ K J 2
♣ K 10 7 6 4

♠ J 9 3
♥ A K Q 7 5 3
♦ Q 10
♣ 9 2

叫牌过程

	南	西	北	东
①	1♥	X	2♠	3♦
②	3♥	4♦	—	—
③	4♥	—	—	—
④	—			

叫牌信息语义

南

①1♥：11点以上，红桃5张，至少1张大牌。

②3♥：接力叫。

③4♥：止叫。同伴11点左右，黑桃至少有1张大牌，方块或草花还应有大牌，否则不够11点。估计牌型为"5-4-2-2"或"4-3-3-3"。可打4♥。

④—：不叫。

北

2♠：11点左右，升二档应叫。应叫程序："3-5142"。

—：不叫，若叫5♣则叫过头了。

—：不叫。

西

①X：11点以上，示强性加倍。

②4♦：接力叫。

③—：不叫。

东

3♦：按7点报，升一档应叫。

—：不叫。若叫5♣，则叫过头了。

—：不叫。

例7-1-14　　南发牌　双方有局

```
              ♠ A
              ♥ Q J 9 8 6 3
              ♦ J 7
              ♣ A Q 9 7
♠ 9                              ♠ Q 10 6 5 4
♥ K 4          北                 ♥ 7 5 2
♦ K 10 9 5 4 3  西 东              ♦ Q 8 6 2
♣ K 10 5 4     南                 ♣ 2
              ♠ K J 8 7 3 2
              ♥ A 10
              ♦ A
              ♣ J 8 6 3
```

叫牌过程

	南	西	北	东
①	1♠	2♦	3♣	—
②	3♦	3♠	4♥	—
③	—	—	—	

叫牌信息语义

南

①1♠：11点以上，黑桃5张，至少1张大牌。

②3♦：接力叫。

③—：不叫。同意打4♥。同伴11点左右，单套牌。我方合共25点左右，高花成局问题不大。

北

3♣：12点左右，升二档应叫。

4♥：红桃5张，至少1张大牌，单套牌。应叫程序："35-142"。

—：不叫。

第七章 竞争性叫牌及牺牲叫

西   东

① 2◆：低花二盖一应叫防守性示弱叫，10点以下。方块6张及以上。

—：4点以下，不叫。同伴10点以下这手牌是对方打的牌。

② 3♠：黑桃单张。

—：不叫。

③ —：不叫。

例 7-1-15　　南发牌　东西有局

```
                ♠ Q 9 8 6 5 4
                ♥ A
                ♦ J 8 4 3 2
                ♣ A

♠ A J 7                          ♠ K 3 2
♥ 10 8 6          北              ♥ J 9 5 4 3 2
♦ 9            西   东             ♦ A Q
♣ K J 6 5 4 3    南              ♣ Q 10

                ♠ 10
                ♥ K Q 7
                ♦ K 10 7 6 5
                ♣ 9 8 7 2
```

叫牌过程

	南	西	北	东
①	1◆	2♣	2◆	2♥
②	3◆	X	3♥	3♠
③	X	3NT	4♣	—
④	4◆	X	5◆	—
⑤	—	—		

叫牌信息语义

南

①1◆：6～10点示弱性开叫。转参谋者。

②3◆：方块5张，有1张大牌，单套牌。应叫程序："35—142"。

③X：黑桃单张，替叫性加倍。

④4◆：重叫前面叫品。

⑤—：不叫。

北

2◆：接力叫。转决策者。

3♥：接力叫。

4♣：接力叫。

5◆：止叫。同伴8点左右，单套牌。方块5张，牌型5—4—3—1。黑桃单张。黑桃、方块各输1墩，可打5◆。

—：不叫。

西

①2♣：6～10点，草花6张，防守二阶叫。

②X：方块单张，替叫性加倍。

③3NT：没有4张套。牌型6—3—3—1。

④X：惩罚性加倍。

⑤—：不叫。

东

2♥：接力叫。

3♠：接力叫。

—：不叫。双方牌点相当，没有合适主牌。

—：不叫。

例 7-1-16　　南发牌　双方有局

```
            ♠ 8 6 5 4 3 2
            ♥ —
            ♦ A K 7
            ♣ A 7 6 2
♠ K Q 7                        ♠ A J 10 9
♥ Q J 8 6 4                    ♥ A K 10 7 3 2
♦ 8 4                          ♦ 6 3
♣ J 5 3                        ♣ 9
            ♠ —
            ♥ 9 5
            ♦ Q J 10 9 5 2
            ♣ K Q 10 8 4
```

叫牌过程

	南	西	北	东
①	1♣	—	2♣	X
②	2♦	—	2♠	3♥
③	3♠	4♥	X	XX
④	4NT	—	5♣	—
⑤	5NT	—	6♦	—
⑥	7♣	—	—	—
⑦	—			

叫牌信息语义

南　　　　　　　　　　　　　　　　北

①1♣：算牌型点，12点，牌型特殊，叫1♣。　　　　2♣：算牌型点，15点，应叫二阶高花，但高花无大牌，降档应叫。

②2♦：接力叫。　　　　　　　　　2♠：黑桃无大牌，6张按5张叫。

③3♠：接力叫。　　　　　　　　　X：红桃按单张报，替叫性加倍。

④4NT：问 A。
⑤5NT：问 K。
⑥7♣：止叫。同伴有 3 个 A，1 个 K。牌型可能为 5－4－3－1。可打 7♣。
⑦—：不叫。

5♣：3 个 A，红桃按有 A 报。
6♦：1 个 K。
—：不叫。

西

①—：不叫，10 点以下。
②—：不叫。
③4♥：我红桃也有 5 张。
④—：不叫。
⑤—：不叫。
⑥—：不叫。

东

X：11 点及以上，示强性加倍。
3♥：红桃 5 张。
XX：惩罚性再加倍。
—：不叫。
—：不叫。
—：不叫。

第二节　牺牲叫

学习桥牌除了要学会叫牌、打牌外，还要学会计分的有关规则。正是因为桥牌比赛是以计算正负分数的总和决定胜负的，它与其他以盘数为输赢的比赛项目不同，有了"牺牲叫"这样一个概念和比赛策略手段。

所谓"牺牲叫"，是指你预计敌方会打成他的成局定约，你作出某种牺牲叫，迫使敌方要抬高定约水平，增加敌方完成定约的风险；如果当你作出牺牲叫时，敌方不叫了，你成为主打人，一般来说，你的定约是完不成的，肯定要输分的，但只要你输的分比敌方打成成局定约所赢得的分要少，那你最后的叫品就是"牺牲叫"。"牺牲叫"的总原则是"少输当赢"。通常在双人赛中采用牺牲叫较多，队式四人赛中用得较少，后一种比赛中，高手们采用提前牺牲叫。比如说，对方有局方打成 7♦可得 2140 分，而你作出 7♥牺牲叫，结果宕 7 墩（无局方，被加倍），被罚 2000 分，结果你还少输 2140－2000＝140 分。

牺牲叫通常有个"二、三法则"。所谓"二、三法则"是指：在有局的情况下，你的输墩不要超过 2 墩，输 2 墩的输分是 500 分；此时，敌方如为无

第七章 竞争性叫牌及牺牲叫

局方打成成局定的（未加倍）得 400 多分。在无局的情况下，你的输墩不要超过 3 墩，输 3 墩（被加倍）为 500 分；此时，敌方如为有局方打成定约可得 600 多分，你划算，这就叫"少输当赢"。

显然，"牺牲叫"要比正常叫牌更难掌握，由于激烈的争叫，信息通道有效容量减少，常常在信息量不足的情况下进行决策。这要求更多的分析、推理和判断。由于本叫牌体系是单人决策的，因此，一般来说，牺牲叫由决策者叫出。

毫无疑问，由于叫牌规则规定，黑桃花色为最高级别的花色，因而在竞争性叫牌及牺牲叫牌中，谁拿黑桃长套谁就有优势。

例 7-2-1　　北发牌　　南北有局

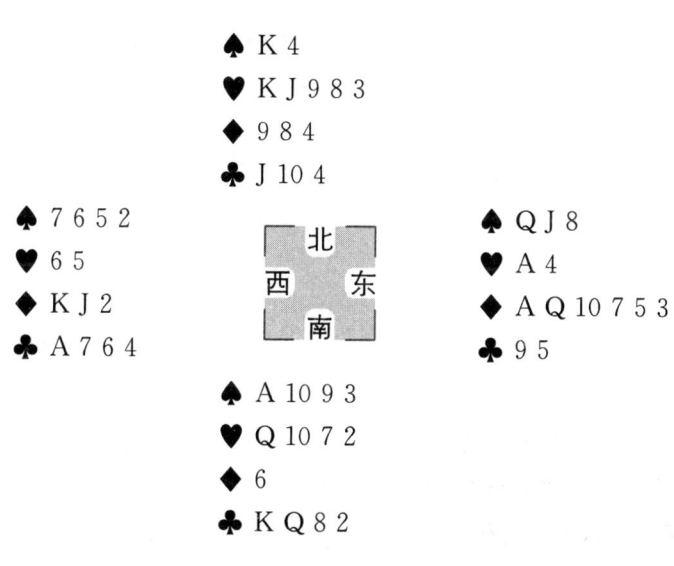

叫牌过程

	北	东	南	西
①	—	1♣	X	1♦
②	1♠	1NT	2♣	2NT
③	3♥	3♠	4♣	X
④	4♥	5♦	X	—
⑤	—			

叫牌信息语义

北

① —：不叫，10点及以下。

② 1♠：7点左右，升一档应叫。

③ 3♥：红桃5张，有1张大牌，单套牌。应叫程序："35−142"。

④ 4♥：无单张，重叫前面叫品。

⑤ —：不叫。

东

① 1♣：11点及以上，方块5张。

② 1NT：接力叫。

③ 3♠：接力叫。

④ 5♦：牺牲叫，同伴草花、方块都有大牌。估计对方能打成4♥。如我方打5♦，即使对方加倍，我方只输2墩，300分。对方有局方，打成4♥可得620分。

⑤ —：不叫。

南

X：11点以上，示强性加倍。

2♣：接力叫。

4♣：接力叫。

X：惩罚性加倍。同伴红桃5张有1张大牌，黑桃也有1张大牌，没有单张。我方牌点比对方还少。我方除方块外，各门花色都可能拿墩，故加倍。

—：不叫。

西

1♦：7~8点，升一级应叫，因高花无大牌。

2NT：平均牌型。应叫程序："3−8442"。

X：草花为最强4张套，替叫性加倍。

—：不叫。

例 7-2-2   东发牌   东西有局

♠ Q 8 6 3 2
♥ J
♦ 10 9 6 2
♣ Q 4 2

♠ 4
♥ K 7 5
♦ A K J 7 4 3
♣ J 10 7

♠ A 7 5
♥ A Q 10 6 3 2
♦ Q 5
♣ 6 5

♠ K J 10 9
♥ 9 8 4
♦ 8
♣ A K 9 8 3

叫牌过程

	东	南	西	北
①	1♥	X	2♥	—
②	2♠	3♣	3♦	3♠
③	4♣	4♠	X	—
④	5♥	5♠	—	—
⑤	—	—		

叫牌信息语义

东

①1♥：11点以上，红桃5张或以上。

②2♠：接力叫。

③4♣：接力叫。

④5♥：止叫。同伴方块，红桃均有大牌，黑桃单张。只有草花输2墩，可打5♥。

⑤—：不叫。

西

2♥：10~11点，升二档应叫。

3♦：方块按5张套报，单套牌，应叫程序："35－142"。

X：黑桃单张。替叫性加倍。

—：不叫。

南

①X：11点以上，示强性加倍。

②3♣：接力叫。

③4♠：成局止叫。

④5♠：牺牲叫，估计对方能打成5♥，得650分。我方打5♠，最多输3墩，即使对方加倍，也只输500分，合算。

⑤—：不叫。

北

—：不叫。6点及以下。

3♠：黑桃5张，有1张大牌。

—：不叫，叫品太高了，无法报单张。

—：不叫。

第七章 竞争性叫牌及牺牲叫

例 7-2-3　北发牌　东西有局

♠ 8 5
♥ J 10 7 6 3
♦ 6
♣ Q 10 9 3 2

♠ Q 9 6 3　　　　　　　　　♠ A K J 10
♥ A Q 5 2　　　　　　　　　♥ K 9 4
♦ A Q J 10　　　　　　　　　♦ K 9 8 5 2
♣ 6　　　　　　　　　　　　♣ 5

♠ 7 4 2
♥ 8
♦ 7 4 3
♣ A K J 8 7 4

叫牌过程

	北	东	南	西
①	—	1♣	1♦	2NT
②	—	3♣	X	XX
③	—	3♦	—	3♥
④	4♣	4♦	5♣	5♦
⑤	X	5NT	—	6♥
⑥	—	6♠	7♣	—
⑦	—	X	—	—
⑧	—	—		

叫牌信息语义

北

①—：10点以下，不叫。
②—：6点以下，不叫。
③—：3点以下，不叫。
④4♣：草花5张，有1张大牌，双套牌，按单套牌叫。
⑤X：方块单张，替叫性加倍。
⑥—：不叫。
⑦—：不叫。
⑧—：不叫。

南

1♦：6~10点，示弱性防守叫牌。
X：草花长套，替叫性加倍。
—：不叫，同伴3点及以下。
5♣：阻击叫，为牺牲作准备。
—：不叫。
7♣：牺牲叫。同伴5张草花，方块单张，我方10点左右。对方能打成6♠，可得1430分。我方最多输4~5墩，红桃、方块各输1墩，黑桃输2~3墩。即使对方加倍，也只输900分。合算。
—：不叫。

东

①1♣：11点以上，示强性开叫。
②3♣：接力叫。
③3♦：接力叫。
④4♦：接力叫。
⑤5NT：问A。
⑥6♠：同伴11~15点，三套牌。我方约30点，只输单花1墩，可打6♠。
⑦X：惩罚性加倍。
⑧—：不叫。

西

2NT：11~15点，三套牌，应叫程序："7-1444"。
XX：草花单张，替叫性再加倍。
3♥：红桃4张，至少1张大牌。
5♦：方块4张，至少1张大牌。
6♥：2个贴邻的A，红桃A，方块A。
—：不叫。
—：不叫。

第七章　竞争性叫牌及牺牲叫

例 7-2-4　南发牌　南北有局

♠ 10 9 4
♥ Q J 10
♦ 6 2
♣ K Q 8 5 2

♠ 7 5
♥ 9 6 5 3 2
♦ A 8 7 5 3
♣ 7

♠ 3
♥ 8 7
♦ K J 10 9 4
♣ J 10 9 6 4

♠ A K Q J 8 6 2
♥ A K 4
♦ Q
♣ A 3

叫牌过程

	南	西	北	东
①	1♣	—	1♥	—
②	1♠	—	2♣	—
③	2♦	—	2NT	3♦
④	3♥	4♦	4♥	—
⑤	4NT	5♣	X	—
⑥	5NT	—	6♦	X
⑦	6♠	—	—	7♦
⑧	X	—	—	—
⑨	—			

叫牌信息语义

南

①1♣：11点及以上。

②1♠：接力叫。

③2♦：接力叫。

④3♥：接力叫。

⑤4NT：问A。

⑥5NT：问K。

⑦6♠：止叫，同伴8点左右，有红桃Q，草花KQ，我方28点左右，可打6♠。

⑧X：惩罚性加倍。

⑨—：不叫。

北

1♥：8点左右，升一档应叫。

2♣：草花5张，至少1张大牌。单套牌，应叫程序："35－142"。

2NT：无单张。牌型5－3－3－2。

4♥：无4张套，重叫前面叫品。

X：替叫性加倍，没有A。

6♦：1个K，草花K。

—：不叫。

—：不叫。

西

①—：6点以下，不叫。

②—：不叫。

③—：不叫。

④4♦：方块5张，4点及以下。

⑤5♣：草花单张。

⑥—：不叫。

⑦—：不叫。

⑧—：不叫。

东

—：6点及以下，不叫。

—：不叫。

3♦：方块5张，决策者。

—：不叫。

—：不叫。等待牺牲。

X：惩罚性加倍。

7♦：牺牲叫，对方30点左右，可打成6♠，得1430分。我方牺牲叫，只输4~5墩约输900分，还少输530分，合算，故作牺牲叫。

—：不叫。

例 7-2-5　南发牌　双方无局

```
        ♠ 9 8 7 3
        ♥ A K 10 7
        ♦ 5 4 3 2
        ♣ K

♠ 6                      ♠ 2
♥ 6 2                    ♥ J 9 8 3
♦ A Q 10 9               ♦ J 8
♣ A J 10 9 8 7           ♣ Q 6 5 4 3 2

        ♠ A K Q J 10 5 4
        ♥ Q 5 4
        ♦ K 7 6
        ♣ —
```

叫牌过程

	南	西	北	东
①	1♣	X	1NT	—
②	2♣	2♦	3♣	X
③	3♦	3♥	X	3♠
④	4♣	4♦	4♠	—
⑤	—	5♣	—	—
⑥	X	—	—	—
⑦	—			

叫牌信息语义

南

①1♣：11点及以上。

②2♣：接力叫。

③3♦：接力叫。

④4♣：接力叫。

⑤—：不叫。同意打4♠。同伴7~10点。草花单张。最多输3墩方块，可打4♠。

⑥X：惩罚性加倍。

⑦—：不叫。

北

1NT：7~10点，三套牌。应叫程序："71444"。

3♣：草花单张。

X：红桃4张，至少1张大牌。替叫性加倍。

4♠：黑桃4张。

—：不叫。

—：不叫。

西

①X：11点以上，防守示强性开叫。

②2♦：接力叫。

③3♥：接力叫。

④4♦：接力叫。

⑤5♣：牺牲叫。我方15点左右。对方打4♠，稳成，可得420分。我方打5♣，最多输2墩。即使对方加倍也只输300分。

⑥—：不叫。

东

—：6点及以下。单套牌。

X：草花。5张及以上，有1张大牌，替叫性加倍。

3♠：黑桃单张。

—：不叫。

—：不叫。

—：不叫。

第七章 竞争性叫牌及牺牲叫

例 7-2-6　南发牌　南北有局

```
        ♠ 9 6
        ♥ 8 6
        ♦ A K 7 2
        ♣ K Q J 5 3
♠ K 8 5 4              ♠ 3 2
♥ A K J 10 4           ♥ Q 9 7 3 2
♦ 10 9 5               ♦ Q 6 5
♣ 7                    ♣ 9 8 2
        ♠ A Q J 10 7
        ♥ 5
        ♦ J 4 3
        ♣ A 10 6 4
```

叫牌过程

	南	西	北	东
①	1♠	X	2♦	—
②	2♥	2♠	3♣	3♥
③	3♠	4♣	—	4♥
④	5♣	5♥	—	—
⑤	X	—	—	—
⑥	—			

叫牌信息语义

南

①1♠：11点以上，黑桃5张。

②2♥：接力叫。

③3♠：接力叫。

④5♣：止叫，同伴8点左右，方块、单花均有大牌，可打5♣。

⑤X：惩罚性加倍。

⑥—：不叫。

北

2♦：高花无大牌，降档叫。方块至少有1张大牌。

3♣：草花5张，至少有1张大牌。单套牌，应叫程序："35—142"。

—：不叫，无单张。

—：不叫。

—：不叫。

西

①X：11点以上，防守示强加倍。

②2♠：接力叫。

③4♣：接力叫。

④5♥：牺牲叫。估计对方能打成5♣。我方打5♥，估计输4墩左右。除法定可输2墩外，多输2墩，即使对方加倍，也只输300分，若对方打成可得600分，合算。

⑤—：不叫。

东

—：不叫，6点及以下。单套牌。

3♥：红桃5张，有1张大牌，应叫程序："3—5142"。

4♥：无单张，重叫红桃。

—：不叫。

—：不叫。

例 7-2-7　南发牌　南北有局

```
           ♠ 8 7 4 3
           ♥ K 5
           ♦ Q J 10 7 3
           ♣ 3 2
♠ Q J 10 5 2          ♠ K 9 6
♥ A          北        ♥ 4 3 2
♦ K 6    西    东      ♦ A 9 8 5 4 3
♣ J 10 9 8 7 南       ♣ 6
           ♠ A
           ♥ Q J 10 9 8 7 6
           ♦ —
           ♣ A K Q 5 4
```

叫牌过程

	南	西	北	东
①	1♣	X	—	1♠
②	1NT	2♣	2♦	X
③	2♥	2♠	2NT	3♣
④	3♦	3♥	3♠	—
⑤	4NT	—	5♣	—
⑥	5NT	—	6♦	—
⑦	6♥	6♠	—	—
⑧	X	—	—	—
⑨	—			

叫牌信息语义

南
① 1♣：11 点及以上。
② 1NT：接力叫。
③ 2♥：接力叫。
④ 3♦：接力叫。
⑤ 4NT：问 A。
⑥ 5NT：问 K。
⑦ 6♥：止叫。同伴 6 点以下。红桃、草花均 2 张，红桃可能有 1 张大牌。可打 6♥。
⑧ X：惩罚性加倍。
⑨ —：不叫。

北
—：6 点以下，不叫。
2♦：5 张方块，有 1 张大牌。单套牌，应叫程序："3-5142"。
2NT：没有单张。
3♠：黑桃 4 张，牌型 5-4-2-2。
5♣：没有 A。
6♦：1 个 K。
—：不叫。

—：不叫。

西
① X：11 点以上，防守性示张性加倍。
② 2♣：接力叫。
③ 2♠：接力叫。
④ 3♥：接力叫。
⑤ —：不叫。
⑥ —：不叫。
⑦ 6♠：牺牲叫。对方能打成 6♥。可得 1430 分。我方打 6♠，可能输 3~4 墩，除法定 1 墩外，可能输 3 墩，即使对方加倍，也只输 500 分。合算。
⑧ —：不叫。

东
1♠：8 点左右，升一档应叫。

X：方块 5 张，替叫性加倍。按 5 张报。

3♣：草花单张。应叫程序："351-42"。

—：不叫。没有 4 张套，牌型 6-3-3-1。

—：不叫。
—：不叫。
—：不叫。

—：不叫。

例 7-2-8　南发牌　南北有局

♠ A K 9 6
♥ 9 8
♦ K 7
♣ K Q 6 5 3

♠ J 10 2　　　　　　　　　　　♠ Q 8 7
♥ A 7 6 5 4　　　　　　　　　♥ —
♦ J 5 4 3　　　　　　　　　　♦ A Q 10 9 8 6
♣ 7　　　　　　　　　　　　　♣ J 10 8 7

♠ 5 4 3
♥ K Q J 10 3 2
♦ 2
♣ A 4 2

叫牌过程

	南	西	北	东
①	2♥	—	2♠	X
②	3♦	3♥	3♠	4♣
③	4♥	5♣	X	5♦
④	—	—	X	
⑤	—	—	—	

叫牌信息语义

南

①2♥：6～10 点，红桃 6～7 张，二阶花色开叫。转参谋者。续叫程序："二阶叫－142"。

②3♦：方块单张。

③4♥：没有 4 张套。重叫前面叫品。

④—：不叫。

⑤—：不叫。

西

①—：6 点以下，不叫。单套牌，应叫程序："3-5142"。

②3♥：红桃 5 张，有 1 张大牌。

③5♣：草花单张。

④—：不叫。

⑤—：不叫。

北

2♠：接力叫。转决策者。

3♠：接力叫。

X：惩罚性加倍。

X：惩罚性加倍。

—：不叫。

东

X：11 点以上，防守示强性加倍。

4♣：接力叫。

5♦：止叫。牺牲叫。对方 25 点左右，打 4♥可成。我方打 5♦，黑桃输 2 墩，草花输 1 墩。除允许输的 2 墩外，最多可能输 1～2 墩，对方加倍也只输 100～300 分。对方若打成 4♥，可得 620 分。合算。

—：不叫。

第八章 综合性开叫与应叫

以上各章均是从不同的方面阐述本叫牌体系的各种开叫和应叫方法。能否将它们总结和概括起来，用几句简单的话就能表达出来呢？答案是肯定的。因为本叫牌体系用"决策者"及"参谋者"，代替传统的"开叫人"与"应叫人"，从而腾出了许多叫牌空间。本叫牌体系中，参谋者只需大概知道决策者的牌点，对决策者的牌型几乎是毫不知情，也不需要知情的；反之，决策者则要充分利用所腾出的叫牌空间，准确了解参谋者的牌点及牌型，了解得越精准，决策就越准确，叫牌精度就越高。

前面提到过，需要保护"K×"时，平均牌型开叫1NT。其他开叫1♣。

前面也提到过，一阶高花开叫也可以开叫1♣；16点及以上一律开叫1♣。特殊牌型是"强牌型"，它含有"强"字，也开叫1♣。

前面还提到过，7～10点，5张套示弱性开叫1♦。二阶级多阶开叫也是示弱性开叫，也可以开叫1♦。

前面还提到过，防守示强性开叫X（加倍），防守示弱性开叫1♦或一盖一开叫。

前面还反复提过，应叫者（参谋者）视牌点、牌型组合情况，按规定的基本应叫程序及其衍生程序应叫。

于是，本叫牌体系的开叫、应叫就可以用如下六句简单的话加以总结和概括，即：

"保护K开叫一个无将"；

"示强性开叫一个草花"；

"示弱性开叫一个方块"；

"防守示强性开叫加倍（X）"；

"防守示弱性开叫一个方块或一盖一开叫"；

"应叫者应叫按对应程序应叫"。

本书的第一版将牌点、牌型并列组合起来，采用"点套共息"和"固定程序"的办法，开创了桥牌叫牌的新方法。

本书的第二版将开叫、应叫实行"全数字化"，返璞归真，还桥牌本来的真面目。那么，桥牌本来的真面目是什么呢？作者认为："桥牌既不神秘也不复杂，桥牌本质上是一种披着扑克牌外衣的数字游戏，简单地说，桥牌就是一种数字游戏"。这是作者积半个多世纪"休闲桥牌"的经验，加上二十多年来对桥牌叫牌的研究开发，对桥牌深刻的理解，而得出的结论。从而开创了桥牌叫牌的数字化新途径。

本着37种牌点一种都不能少，29种牌型一种都不能落，牌点牌型1073种组合全覆盖的原则，作者设计了"各种牌点牌型组合开叫叫品一览表（简称开叫表）"（表8-1）及"各种牌点牌型组合应叫叫品一览表（简称应叫表）"（表8-2）。

在使用上述两个表格时，要注意如下几点：

1. 只有一方开叫、应叫时，完全按上述两个表格对号入座即可。

2. 双方争叫时，第一家开叫人完全按"开叫表"叫牌，第二家至第四家的第一叫则视情况而有所不同，后续叫牌与上述两个表格规定的基本相同。

3. 双方争叫时，第二家至第四家的中间叫可多次使用"技术性加倍"，以节省叫牌空间。

详细叙述请参看第七章第一节竞争性叫牌，这里不再重复。

"开叫表"和"应叫表"也可看作是桥牌叫牌的"设计手册"，供使用者查阅。

第八章 综合性开叫与应叫

例 8-1　南发牌　双方有局

♠ 7 3
♥ K J 7
♦ A Q J 10
♣ K J 8 4

♠ A J 9
♥ Q 8 6
♦ 3 2
♣ A Q 10 7 6

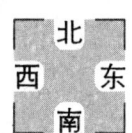

♠ Q 6 4
♥ 5 4 2
♦ K 9 7 5
♣ 5 3 2

♠ K 10 8 5 2
♥ A 10 9 3
♦ 8 6 4
♣ 9

叫牌过程

	南	西	北	东
①	1♦	X	1♥	—
②	1♠	1NT	2♣	2NT
③	3♣	X	3♦	X
④	3♥	—	—	
⑤	—			

叫牌信息语义

南　　　　　　　　　　　　　　　　　北

①1♦：算牌型点 9 点，下同，牌型 5-4-3-1。查"开叫表（二）(2) a"，开叫 1♦，并转参谋者。

1♥：接力叫转决策者。按开叫基本程序叫牌"0-1119"。

②1♠：黑桃 5 张。应叫程序："35-142"。

2♣：接力叫。

③3♣：草花单张。

3♦：接力叫。

④3♥：红桃4张，至少1张大牌。

⑤—：不叫。

西
①X：13点，牌型5-3-3-2，查"开叫表（五）（1）a"防守示强性开叫。
②1NT：接力叫。

③X：草花5张。
④—：不叫。

东
—：6点以下，不叫。

2NT：4～6点，平均牌型，应叫程序："38－442"。查"应叫表（一）（1）"。
X：方块最强4张套。替叫性加倍。
—：不叫。

—：同意打3♥。除红桃外，各门花色均有输墩。难以成局，只好打3♥。

例8-2　　南发牌　南北有局

♠ 3
♥ QJ43
♦ K73
♣ Q9862

♠ AQJ95
♥ 108
♦ 542
♣ AJ10

（北西东南）

♠ 842
♥ K76
♦ AQ109
♣ 953

♠ K1076
♥ A952
♦ J86
♣ K4

第八章 综合性开叫与应叫

叫牌过程

	南	西	北	东
①	1NT	X	2◆	2♥
②	—	2NT	—	
③	—	—		

叫牌信息语义

南

①1NT：11 点，牌型 4－4－3－2，查"开叫表（一）（1）a"，要保护 K，开叫 1NT。

②—：同伴 7 点左右，双方相约为 20 点左右，不能再叫了。

③—：不叫。

北

2◆：7 点，牌型 5－4－3－1，查"应叫表 1NT（二）（2）"，按点升档应叫，叫 2◆。

—：不叫。

西

①X：12 点，牌型 5－3－3－2，查"开叫表（五）（1）a"，防守示强开叫加倍。

②2NT：止叫，双方实力相当，无法再叫。

③—：不叫。

东

2♥：9 点，牌型 4－3－3－3，查"应叫表 X（一）（1）"，按点升一档应叫。

—：不叫。

例 8-3　北发牌　双方有局

```
            ♠ K Q J 9 5
            ♥ 6
            ♦ 5 4
            ♣ K J 9 7 3
♠ A 4 3                      ♠ 8 7
♥ Q 9 3 2                    ♥ A J 5
♦ J 10 3 2                   ♦ A K Q 9 7 6
♣ 8 5                        ♣ 10 6
            ♠ 10 6 2
            ♥ K 10 8 7 4
            ♦ 8
            ♣ A Q 4 2
```

叫牌过程

	北	东	南	西
①	1♦	X	1♥	—
②	1♠	1NT	2♣	2NT
③	3♥	3♠	4♠	—
④	—			

叫牌信息语义

北

① 1♦：10 点，牌型 5－5－2－1，查"开叫表（三）(1) a"，开叫 1♦，转参谋者。

② 1♠：黑桃 5 张，至少有 1 张大牌。

③ 3♥：红桃单张。

④ —：不叫。

南

1♥：接力叫，转决策者，后续叫牌按开叫基本程序叫牌"1119"。

2♣：接力叫。

4♠：止叫。同伴 10 点左右，黑桃 5 张，红桃单张。勉强可打 4♠。

—：不叫。

第八章 综合性开叫与应叫

东	西
①X：14点，查"开叫表（五）(1)a"，开叫 X。	—：6点及以下，不叫。
②1NT：接力叫。	2NT：平均牌。
③3♠：接力叫。	—：不叫。
④—：不叫。

例 8-4　南发牌　南北有局

```
            ♠ A K 7 2
            ♥ K 9 7
            ♦ 5
            ♣ K J 9 8 4
♠ 9 5                       ♠ J 10 3
♥ Q J 6 4 2     北          ♥ A 10 8 5 2
♦ K J 10     西   东         ♦ 7 3
♣ 10 7 3        南          ♣ Q 6 5
            ♠ Q 8 6 4
            ♥ —
            ♦ A Q 9 8 6 4 2
            ♣ A 2
```

叫牌过程

	南	西	北	东
①	1♣	—	2♥	—
②	2♠	—	3♣	—
③	3♦	—	4♦	—
④	4NT	—	5♦	—
⑤	5NT	—	6♣	—
⑥	6♠	—	—	—
⑦	—			

叫牌信息语义

南

① 1♣：16 点，牌型 7－4－2－0，查"开叫表（二）(3)c"，开叫 1♣。

② 2♠：接力叫。

③ 3♦：接力叫。

④ 4NT：问 A。

⑤ 5NT：问 K。

⑥ 6♠：止叫。同伴 14 点左右，牌型 5－4－3－1，我方合计 30 点左右，让明手将吃 1~2 墩方块，打大方块即可，可打 6♠。

⑦ 一：不叫。

北

2♥：13 点，牌型 5－4－3－1，查"应叫表 1♣（二）(2)"，按点升三档应叫 2♥。

3♣：草花 5 张，有 1 张大牌。

4♦：方块单张，牌型 5－4－3－1。

5♦：1 个 A。

6♣：3 个 K。

一：不叫。

例 8－5   南发牌   东西有局

北
♠ 3
♥ 5 4 2
♦ K Q J 10
♣ Q 9 8 6 4

西
♠ K 10 9 6
♥ 3
♦ 9 8 7 4 3
♣ A K 6

东
♠ A J 7 4
♥ A J 9 6
♦ 6
♣ J 10 7 3

南
♠ Q 8 5 2
♥ K Q 10 8 7
♦ A 5 2
♣ 5

叫牌过程

	南	西	北	东
①	1♥	1♠	2♦	2♥
②	X	3♦	4♣	4♦
③	4♥	X	—	4♠
④	—	—	—	—

叫牌信息语义

南

①1♥：11点，牌型5-4-3-1。查"开叫表（二）(2)a"，开叫1♥。

②X：替叫性加倍，红桃5张，至少1张大牌。

③4♥：接力叫。

④—：不叫。

北

2♦：牌点7点，牌型5-4-3-1，查"应叫表1♥（二）(2)"，按点升一档应叫，叫2♦。

4♣：草花5张，至少1张大牌。

—：双方实力相当，如叫4♠报单张，则叫过头了，故不叫。

—：不叫。

西

①1♠：10点，牌型5-4-3-1，查"开叫表（五）(2)"，叫1♠，为示弱性防守叫牌，转参谋者。

②3♦：方块5张。

③X：红桃单张，替叫性加倍。

④—：不叫。

东

2♥：接力叫，转决策者。后续叫按开叫基本程序叫"1119"。

4♦：接力叫。

4♠：止叫。同伴12点左右，我方也12点（含牌型点）左右，相互将吃有可能拿到10墩，故可打4♠。

—：不叫。

例8-6 南发牌 南北有局

```
          ♠ K J 10 8 5
          ♥ A 8 7 5
          ♦ 4
          ♣ J 6 3
♠ 4 2                    ♠ 7 3
♥ Q 6 3                  ♥ K J 10 9
♦ K J 10 9               ♦ 8 6 5 3
♣ 7 5 4 2                ♣ K 10 8
          ♠ A Q 9 6
          ♥ 4 2
          ♦ A Q 7 2
          ♣ A Q 9
```

叫牌过程

	南	西	北	东
①	1♣	—	1♥	—
②	1♠	—	2♠	—
③	2NT	—	3♦	—
④	3♥	—	4♥	—
⑤	4NT	—	5♦	—
⑥	5NT	—	6♦	—
⑦	6♠	—	—	—
⑧	—			

叫牌信息语义

南

① 1♣：18 点，牌型 4－4－3－2，查"开叫表（一）（1）a"，开叫 1♣。

② 1♠：接力叫。

③ 2NT：接力叫。

④ 3♥：接力叫。

⑤ 4NT：问 A。

⑥ 5NT：问 K。

⑦ 6♠：止叫。同伴 8 点左右，牌型 5－4－3－1，有红桃 A，黑桃 K。明手将吃方块或暗手将吃红桃都有可能拿到 12 墩，可打 6♠。

⑧ 一：不叫。

北

1♥：9 点，牌型 5－4－3－1，查"应叫表 1♣（二）（2）"，升一档应叫 1♥。

2♠：黑桃 5 张，至少 1 张大牌。

3♦：方块单张，牌型 5－4－3－1。

4♥：红桃 4 张，有 1 张大牌。

5♦：1 个 A。

6♦：1 个 K。

一：不叫。

例 8－7　　东发牌　双方有局

```
            ♠ 10 8 5 4
            ♥ Q J 10
            ♦ 8 4 2
            ♣ A 9 5
♠ A K 7                      ♠ J 6 2
♥ 6 5 4 3         北          ♥ A K 9 8 7
♦ 3           西     东        ♦ 7 5
♣ 8 7 4 3 2       南          ♣ K J 6
            ♠ Q 9 3
            ♥ 2
            ♦ A K Q J 10 9 6
            ♣ Q 10
```

叫牌过程

	东	南	西	北
①	1♥	X	1♠	—
②	2♣	2♦	—	2NT
③	—	3♣	—	3♥
④	X	3NT	—	—
⑤	—			

叫牌信息语义

东

①1♥：12 点，牌型 5－3－3－2。查"开叫表（二）（1）a"，开叫 1♥。

②2♣：接力叫。

③—：双方点力相近，我方低花太弱，无法，再叫。

④X：惩罚性加倍。

⑤—：不叫。

南

①X：14 点，牌型 7－3－2－0，查"开叫表（五）（1）♣"，开叫 X，防守性示强加倍。

②2♦：接力叫。

③3♣：接力叫。

④3NT：同伴 6 点左右，红桃有大牌，黑桃和草花两门花色中有一门也可能有 1 张大牌，勉强可打 3NT。

⑤—：不叫。

西

1♠：7 点，牌型 5－4－3－1。查"应叫表 X（二）（2）"，按点升档应叫，但低花无大牌，只好降档应叫 1♠。

—：不叫，双方牌点均为 20 点左右，难以高叫。

—：不叫。

—：不叫。

北

—：6 点及以下，牌型也平均，不叫。续叫程序："3－8442"。

2NT：平均牌型。

3♥：红桃有 1 张大牌，按 4 张套报。

—：不叫。

例 8-8　南发牌　东西有局

♠ K Q 2
♥ Q 6 2
♦ J 9 6
♣ A Q 6 3

♠ 9 8 7 6 5
♥ 7 4 3
♦ 7 5
♣ 10 9 8

♠ 4 3
♥ A K J 10 9
♦ 4 3
♣ J 7 5 2

♠ A J 10
♥ 8 5
♦ A K Q 10 8 2
♣ K 4

叫牌过程

	南	西	北	东
①	1♣	—	2♥	—
②	2♠	—	2NT	—
③	3♣	—	4♣	—
④	4♦	—	4♠	—
⑤	4NT	—	5♦	—
⑥	—			

叫牌信息语义

南

①1♣：17点，牌型6-3-2-2。查"开叫表（二）(1)c"，开叫1♣。

②2♠：接力叫。

③3♣：接力叫。

北

2♥：13点，牌型4-3-3-3。查"应叫表1♣（一）(1)"，按点升三档应叫，叫2♥。

2NT：平均牌型。

4♣：草花为最强4张套。有1～2张大牌。

④4♦：接力叫。

⑤4NT：问A。

⑥—：不叫，同意打5♦，同伴13点我方共29点，红桃可能要输2墩无法高打，只能打5♦。

4♠：黑桃为次张套，有1~2张大牌。

5♦：1个A。

—：不叫。

例8-9　南发牌　双方无局

北:
♠ A 10 7
♥ 10 9 7 5 3
♦ J 9 4
♣ 5 2

西:
♠ 5 3 2
♥ A Q 2
♦ K 7
♣ Q J 9 8 6

东:
♠ 9 8
♥ K J 6 4
♦ 5 2
♣ A K 10 4 3

南:
♠ K Q J 6 4
♥ 8
♦ A Q 10 8 6 3
♣ 7

叫牌过程

	南	西	北	东
①	1♣	X	—	2♣
②	2♦	2♥	X	3♣
③	3♦	3♥	—	3NT
④	4♠	5♣	—	—
⑤	X	—	—	—
⑥	—			

第八章 综合性开叫与应叫

叫牌信息语义

南

① 1♣：15 点（算牌型点），牌型 6-5-1-1，查"开叫表（三）(2)c"，开叫 1♣。

② 2♦：接力叫。

③ 3♦：接力叫。

④ 4♠：止叫。我方 20 点左右，除黑桃外，各门花色都有输墩，只能打 4♠。

⑤ X：惩罚性加倍。

⑥ —：不叫。

北

—：6 点及以下，不叫。查"应叫表 1♣（二）(1)"。后续叫牌程序："3-5142"。

X：5 张红桃，替叫性加倍。

—：不叫。无单张。

—：不叫。

—：不叫。

西

① X：12 点，牌型 5-3-3-2。查"开叫表（五）(1)c"，防守性示强开叫。

② 2♥：接力叫。

③ 3♥：接力叫。

④ 5♣：止叫。同伴 10 点左右，牌型 5-4-2-2，这里是牺牲叫。估计黑桃输 2 墩，方块输 1~2 墩。除法定可输 2 墩外，只输 1~2 墩，即使对方加倍，也只输 300 分，对方打成 4♠，可得 420 分，还少输 120~320 分，合算。

⑤ —：不叫。

东

2♣：10 点，牌型 5-4-2-2，查"应叫表 1♣X（二）(1)"，按点升二档应叫 2♣。

3♣：草花 5 张。至少 1 张大牌。

3NT：无单张，牌型 5-4-2-2。

—：不叫。

—：不叫。

例 8–10　西发牌　南北有局

♠ A Q 4
♥ 8 5 2
♦ 4 3
♣ K J 10 9 5

♠ 9 8 5　　　　　　　　　　　♠ K 10 2
♥ Q J 9 4 3　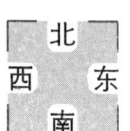　♥ 10
♦ 10 9 8　　　　　　　　　　　♦ A J 7 6 5
♣ A 3　　　　　　　　　　　　♣ 8 7 6 5

♠ J 7 5 3
♥ A K 7 6
♦ K Q 2
♣ Q 2

叫牌过程

	西	北	东	南
①	—	1♦	—	1♥
②	—	2♣	—	2♦
③	—	2NT	—	3♣
④	—	3♠	—	3NT
⑤	—	—	—	—

叫牌信息语义

北

① 1♦：9点，牌型 5−3−3−2。查"开叫表（二）(1) a"，开叫 1♦，并转参谋者。

② 2♣：草花 5 张，至少有 1 张大牌。

③ 2NT：没有单张，牌型 5−3−3−2。

南

1♥：接力叫。查"应叫表 1♦（一）"，转决策者，后续叫牌程序："1119"。

2♦：接力叫。

3♣：接力叫。

④3♠：黑桃3张，至少1张大牌。

3NT：止叫。同伴9点左右，草花5张，黑桃3张，均有1张大牌。我方合计23点左右，每种花色均有输墩，勉强可打3NT。

⑤—：不叫。

—：不叫。

例8-11　南发牌　双方无局

```
            ♠ A 4 3
            ♥ 10 8 6 3 2
            ♦ A K Q 8
            ♣ A
♠ 6 2                       ♠ 10 8
♥ A K 9 7                   ♥ Q J 5 4
♦ 2                         ♦ J 6 5
♣ K Q 7 5 4 3               ♣ J 10 9 2
            ♠ K Q J 9 7 5
            ♥ —
            ♦ 10 9 7 4 3
            ♣ 8 6
```

叫牌过程

	南	西	北	东
①	2♠	X	2NT	—
②	4♥	X	4NT	—
③	5♣	X	5NT	—
④	6♦	—	6♥	
⑤	6NT	—	7♠	
⑥	—	—		

叫牌信息语义

南

① 2♠：10点，牌型6-5-2-0，查"开叫表（三）（2）d"，二阶开叫，转参谋者。

② 4♥：红桃缺门，跳叫。牌型6-5-2-0。

③ 5♣：没有A。

④ 6♦：1个K。

⑤ 6NT：升两级报Q，1个Q。

⑥ —：不叫。

北

2NT：接力叫，转决策者。查"应叫表二阶及多阶开叫（二）"，后续叫牌程序："1119"。

4NT：问A。

5NT：问K。

6♥：扣叫参谋者的单缺，表示问Q。

7♠：止叫。同伴10点左右，牌型6-5-2-0，黑桃6张，且有KQ，明手将吃1墩草花，可得13墩。

—：不叫。

西

① X：14点，牌型6-4-2-1，查"开叫表（五）（1）b"，防守示强性开叫。

② X：惩罚性加倍。

③ X：惩罚性加倍。

④ —：不叫。

⑤ —：不叫。

⑥ —：不叫。

东

—：3点以下，不叫。

—：不叫。

—：不叫。

—：不叫。

—：不叫。

第八章 综合性开叫与应叫

例 8-12　　东发牌　双方有局

♠ 7
♥ 10 8 6 5 2
♦ 9 6 4
♣ A K 10 7

♠ J 10 4 2
♥ Q J 7 3
♦ 10
♣ J 10 3 2

♠ A K
♥ K 9 4
♦ K 5 3 2
♣ Q 9 8 5

♠ Q 9 8 6 5 3
♥ A
♦ A Q J 8 7
♣ 4

叫牌过程

	东	南	西	北
①	1♣	X	—	1♦
②	1♥	1♠	1NT	2♥
③	2♠	2NT	2NT	3♠
④	—	4♦	—	—
⑤	—	—		

叫牌信息语义

东

①1♣：15 点，牌型 4-4-3-2。查"开叫表（一）（1）a"，开叫 1♣。

②1♥：接力叫。

③2♠：接力叫。

④—：不叫。同伴 6 点以下，双方牌点相约，无法再叫。

西

—：不叫，6 点以下，查"应叫表1 ♣（四）（1）"，后续叫程序："71444"。

1NT：三套牌或平均牌。

2NT：确认为三套牌。

—：不叫。

⑤—：不叫。

南

①X：15点，牌型6—5—1—1，查"开叫表（五）(1)c"，防守示强性开叫X。

②1♥：接力叫。
③2NT：接力叫。
④4◆：止叫。同伴7点及以下，双方牌点相近，不能再高叫，勉强打4◆。
⑤—：不叫。

北

1◆：7点，牌型5—4—3—1。查"应叫表1♣（二）(2)"，按点升档应叫，但高花无大牌，只能降档应叫。

2♥：红桃5张。
3♠：黑桃单张。
—：不叫。

例8—13　西发牌　东西有局

　　　　　　　　♠ K 5
　　　　　　　　♥ 10 9 8 5 2
　　　　　　　　◆ A Q J 9
　　　　　　　　♣ 9 5

♠ A J 8 3 2　　　　　　　　　　♠ Q 10 9 7 6
♥ 7 3　　　　　　♥ Q 4
◆ K 2　　　　　　　　　　　　　◆ 8 4
♣ J 10 8 7　　　　　　　　　　♣ A 6 4 2

　　　　　　　　♠ 4
　　　　　　　　♥ A K J 6
　　　　　　　　◆ 10 7 6 5 3
　　　　　　　　♣ K Q 3

叫牌过程

	西	北	东	南
①	—	—	—	1♣
②	1♠	2♦	2♥	2♠
③	X	3♥	3♠	4♣
④	—	4♦	—	4♥
⑤	—	—	—	—

叫牌信息语义

西

①—：8点，牌型5-4-2-2。可叫可不叫。这里选择不叫。

②1♠：一盖一开叫查"开叫表（五）(2)a"，为示弱性开叫，并转参谋者，黑桃5张。

③X：相当重叫黑桃，替叫性加倍，没有单张。

④—：不叫，同伴也是8点左右，不能再叫。

⑤—：不叫。

北

①—：9～10点，不适宜开叫。

②2♦：9点，牌型5-4-2-2，查"应叫表1♣（二）(1)"，按点升一档应叫。

③3♥：红桃5张。

④4♦：没有单张，重叫前面叫品。

⑤—：不叫。

东

—：不叫，8点，同伴也是7～8点。对方的点数较多，故不叫。

2♥：接力叫转决策者，将牌对上，试叫一下。后续叫程序："1119"。

3♠：接力叫。

—：不叫。

—：不叫。

南

1♣：13点，牌型5-4-3-1，查"开叫表（二）(2)a"，开叫1♣。

2♠：接力叫。

4♣：接力叫。

4♥：止叫，同伴9点左右，红桃5张。我方共9张将牌，勉强可打4♥。

—：不叫。

例 8-14　　南发牌　双方有局

北家：
- ♠ Q 7 6 5
- ♥ J 6 3
- ♦ 5
- ♣ A K 10 9 7

西家：
- ♠ J 4 3
- ♥ 10 7
- ♦ K J 10 9 8
- ♣ 6 5 3

东家：
- ♠ 2
- ♥ K Q 9 8 4 2
- ♦ 7 4 3 2
- ♣ 3 2

南家：
- ♠ A K 10 9 8
- ♥ A 5
- ♦ A Q 6
- ♣ Q J 8

叫牌过程

	南	西	北	东
①	1♣	—	1♠	—
②	1NT	—	2♣	—
③	2♦	—	3♦	—
④	3♥	—	3♠	—
⑤	4♣	—	4♠	—
⑥	4NT	—	5♦	—
⑦	5NT	—	6♦	—
⑧	7♠	—	—	—
⑨	—			

叫牌信息语义

南

①1♣：20 点，牌型 5－3－3－2。查"开叫表（二）（1）a"，开叫 1♣。

②1NT：接力叫。

③2♦：接力叫。

④3♥：接力叫。

⑤4♣：接力叫。

⑥4NT：问 A。

⑦5NT：问 K。

⑧7♠：同伴 9 点，牌型 5－4－3－1。草花 5 张，1~2 张大牌，黑桃 4 张，有 1 张大牌的可能性大。可数得 5 墩黑桃，5 墩草花，红桃、方块各 1 墩，暗手将吃 1 墩方块，共得 13 墩，可打 7♠。

⑨—：不叫。

北

1♠：9 点，牌型 5－4－3－1。查"应叫表1♣（二）（2）"，按点升一档应叫 1♠。

2♣：草花 5 张，至少 1 张大牌。

3♦：方块单张。

3♠：黑桃 4 张，有 1 张大牌。

4♠：重叫前面叫品，没有 2 张套。牌型 5－4－3－1。

5♦：1 个 A。

6♦：1 个 K。

—：不叫。

例8-15　南发牌　东西有局

```
              ♠ K
              ♥ A K 10 8
              ♦ A 7 6 5
              ♣ 10 9 8 7

♠ —                          ♠ J 2
♥ 6 4 3 2                    ♥ Q J 9
♦ K Q 10 9 8                 ♦ J 3 2
♣ A J 4 2                    ♣ K Q 6 5 3

              ♠ A Q 10 9 8 7 6 5 4 3
              ♥ 7 5
              ♦ 4
              ♣ —
```

叫牌过程

	南	西	北	东
①	4♠	X	4NT	5♣
②	5♠	7♣	7♠	—
③	—	—	—	

叫牌信息语义

南

①4♠：含型牌点12点，牌型1-0-2-1-0，查"开叫表（二）(3)h"，开叫4♠，并转参谋者。

②5♠：2个A，草花没报缺门，这里按有A报，2个相隔的A，黑桃A和草花A。

③—：不叫。

北

4NT：14点，3套牌，转决策者。4NT问A。

7♠：可数得黑桃10墩，红桃2墩，方块1墩，共得13墩，故打7♠。

—：不叫。

第八章 综合性开叫与应叫

西	东
①X：14点，牌型5－4－4－0，查"开叫表（五）(1)c"，防守示强性开叫X。	5♣：7点，牌型5－3－3－2，查"应叫表1♣X（二）(1)"，按点升一档应叫。
②7♣：牺牲叫。	—：不叫。
③—：	

例8－16　东发牌　双方无局

```
           ♠ J 10 9 8 2
           ♥ —
           ♦ 5 4 3 2
           ♣ 5 4 3 2
♠ Q                      ♠ K
♥ J 10 9                 ♥ A K Q
♦ A K Q J                ♦ 10 9 8 7 6
♣ 10 9 8 7 6             ♣ A K Q J
           ♠ A 7 6 5 4 3
           ♥ 8 7 6 5 4 3 2
           ♦ —
           ♣ —
```

叫牌过程

	东	南	西	北
①	1♣	X	2♦	—
②	2♥	2♠	3♣	3♠
③	4♣	4♦	4♠	5♥
④	6♣	6♠	—	—
⑤	7♣	7♠	—	—
⑥	—			

叫牌信息语义

东

① 1♣：22 点，牌型 5－4－3－1。查"开叫表（二）(2)a"，开叫 1♣。

② 2♥：接力叫。

③ 4♣：接力叫。

④ 6♣：牺牲叫。

⑤ 7♣：牺牲叫。

⑥ —：不叫。

西

2◆：11 点，牌型 5－4－3－1。查"应叫表 X（二）(2)"，按点升二档应叫。

3♣：草花 5 张。

4♠：黑桃单张。

—：不叫。

—：不叫。

南

① X：含牌型点 12 点，牌型 7－6－0－0，查"开叫表（五）(1)c"，开叫 X。示强性加倍。

② 2♠：接力叫。

③ 4◆：接力叫。

④ 6♠：止叫。同伴 4 点及以下，但黑桃 5 张。

⑤ 7♠：止叫。同伴 5 张黑桃，西黑桃单张。东黑桃也是单张，南拨 A 即可肃清对方将牌。红桃即使明手单张也只输 1 墩，暗手将吃方块或草花，明手将吃红桃，打大红桃，至少可得 12 墩。如果明手红桃缺门，则可得 13 墩。

⑥ —：不叫。

北

—：不叫，4 点，牌型 5－4－4－0，查"应叫表 X（四）(2)"。三套牌。

3♠：按单套牌报，黑桃 5 张。

5♥：红桃按单张报。

—：不叫。

—：不叫。

第八章 综合性开叫与应叫

各种牌点牌型组合开叫叫品一览表(简称开叫表)

表8-1(一)

牌型		概率、强弱 牌点	概率 %	强牌 16点及以上	较强牌 11~15点	较弱牌 7~10点	弱牌 6点及以下
(一)平均牌型							
(1)一般牌型	a	4-4-3-2	21.55	1♣	1♣、1NT	/	/
	b	4-3-3-3	10.54	1♣	1♣、1NT	/	/
(二)单套牌型							
(1)一般牌型	a	5-3-3-2	15.52	1♣	1♠、1♥、1♦	1♦(转参谋者)	/
	b	5-4-2-2	10.58	1♣	1♠、1♥、1♦	1♦(转参谋者)	/
	c	6-3-2-2	5.64	1♣	1♠、1♥、1♦	2♣、2♦、2♥、2♠(转参谋者)	/
	d	7-2-2-2	0.51	1♣	1♠、1♥、1♦	2♣、2♦、2♥、2♠(转参谋者)	/
(2)半特殊牌型	a	5-4-3-1	12.93	1♣	1♠、1♥、1♦	1♦(转参谋者)	/
	b	6-4-2-1	4.70	1♣	1♠、1♥、1♦	2♣、2♦、2♥、2♠(转参谋者)	/
	c	6-3-3-1	3.45	1♣	1♠、1♥、1♦	2♣、2♦、2♥、2♠(转参谋者)	/
	d	7-3-2-1	1.88	1♣	1♠、1♥、1♦	2♣、2♦、2♥、2♠(转参谋者)	/
	e	8-2-2-1	0.19	1♣	1♠、1♥、1♦	3♣、3♦、3♥、3♠(转参谋者)	/
(3)特殊牌型 (强牌型)	a	6-4-3-0	1.33	1♣	1♠、1♥、1♦	1♣、二阶、多阶开叫转参谋者	/
	b	7-4-1-1	0.39	1♣	1♠、1♥、1♦	1♣、二阶、多阶开叫转参谋者	/
	c	7-4-2-0	0.36	1♣	1♠、1♥、1♦	1♣、二阶、多阶开叫转参谋者	/
	d	7-3-3-0	0.27	1♣	1♠、1♥、1♦	1♣、二阶、多阶开叫转参谋者	/
	e	8-3-1-1	0.12	1♣	1♠、1♥、1♦	1♣、二阶、多阶开叫转参谋者	1♣、
	f	8-3-2-0	0.11	1♣	1♠、1♥、1♦	1♣、二阶、多阶开叫转参谋者	1♣、
	g	8-4-1-0	0.045	1♣	1♠、1♥、1♦	1♣、二阶、多阶开叫转参谋者	1♣、
	h	9张以上	0.035	1♣	1♠、1♥、1♦	1♣、二阶、多阶开叫转参谋者	1♣、

各种牌点牌型组合开叫叫品一览表(简称开叫表)

表8-1(二)

牌型		牌点	概率 %	强牌 16点及以上	较强牌 11~15点	较弱牌 7~10点	弱牌 6点及以下
(三) 双套牌型							
(1) 半特殊牌型	a	5-5-2-1	3.17	1♣	1♠、1♥、1♦	1♦(转参谋者)	/
(2) 特殊牌型	b	5-5-3-0	0.90	1♣	1♠、1♥、1♦	1♦(转参谋者)	/
	c	6-5-1-1	0.71	1♣	1♠、1♥、1♣	1♣、二阶、多阶开叫转参谋者	/
	d	6-5-2-0	0.65	1♣	1♠、1♥、1♣	1♣、二阶、多阶开叫转参谋者	/
	e	7-5-1-1	0.11	1♣	1♠、1♥、1♣	1♣、二阶、多阶开叫转参谋者	1♣
	f	6-6-1-0	0.072	1♣	1♠、1♥、1♣	1♣、二阶、多阶开叫转参谋者	1♣
	g	7-6-0-0	0.0055	1♣	1♠、1♥、1♣	1♣、二阶、多阶开叫转参谋者	1♣
	h	8-5-0-0	0.0031				
(四) 三套牌型							
(1) 半特殊牌型	a	4-4-4-1	2.99	1♣	1♣	1♣	/
(2) 特殊牌型(强牌型)	b	5-4-4-0	1.24	1♣	1♣	/	/
(五) 防守性开叫							
(1) 示强性开叫	a	一般牌型		X(加倍)	X(加倍)	/	/
	b	半特殊牌型		X	X	X	X
	c	特殊牌型		/	/	/	/
(2) 示弱性开叫 并特转参谋者	a	含5张及以上套的牌型,并多数有单张		/	/	/、或加一级或一盖一应叫,并转参谋者	/

表8-2(一)　各种牌点牌型组合应叫叫品一览表(简称应叫表)

第一应叫叫品：1♠、1♥、1NT、X(防守示强性加倍，下同)

应叫牌点 应叫牌型	强牌 16点及以上	中间牌 7~15点	较弱牌 4~6点	弱牌 3点及以下	后续应叫程序
(一) 平均牌					
(1) 一般牌型 {4-4-3-2, 4-3-3-3}	升四档应叫转决策者(全组通用，下同)	按点升档应叫(全组通用，下同)	不叫(全组通用，下同)	不叫(全组通用，下同)	按开叫基本程序续叫 "3-8442" "3-8442" / /
(二) 单套牌					
(1) 一般牌型 {5-3-3-2, 5-4-2-2, 6-3-2-2, 7-2-2-2}	升四档应叫转决策者	按点升档应叫	不叫	不叫	按开叫基本程序续叫 "3-5142"及衍生程序续叫 /
(2) 半特殊牌型 {5-4-3-1, 6-4-2-1, 6-3-3-1, 7-3-2-1, 8-2-2-1}	升四档应叫转决策者	按点升档应叫	不叫	不叫	按开叫基本程序续叫 "3-5142"及衍生程序续叫 /

各种牌点牌型组合应叫品一览表(简称应叫表)

表8-2(二)

第一应叫品 / 应叫牌型	应叫牌点	强牌 16点及以上	中间牌 7-15点	较弱牌 4-6点	弱牌 3点及以下	后续应叫程序
(3)特殊牌型(强牌型)	6-4-3-0	升四档应叫转决策者	升四档应叫转决策者	9张以上升四档应叫转决策者,不叫	视情况叫,不叫	按开叫基本程序续叫
	7-4-1-1					同上,/
	7-4-2-0					
	7-3-3-0					同上,/
	8-3-1-1					同上,/
	8-3-2-0					
	8-4-1-0					
	9张以上					
(三)双套牌						
(1)半特殊牌型 5-5-2-1		升四档应叫转决策者	按点升档应叫	不叫	不叫	按开叫基本程序续叫 "3-5152"续叫 / /
(2)特殊牌型(强牌)	5-5-3-0	升四档应叫转决策者	升四档应叫转决策者	加一级示弱	加一级示弱	按开叫基本程序续叫
	6-5-1-1					同上,/
	6-5-2-0					"3-5152"及衍生程序续叫
	7-5-1-0					同上,/
	6-6-1-0					
	7-6-0-0					
	8-5-0-0					
(四)三套牌						
(1)半特殊牌型 4-4-4-1		升四档应叫转决策者	按点升档应叫	不叫	不叫	按开叫基本程序续叫 "3-1444"程序续叫 / /

各种牌点牌型组合应叫叫品一览表（简称应叫表）

表8-2(三)

应叫牌点 应叫牌品	强牌 16点及以上	中间牌 7-15点	较弱牌 4-6点	弱牌 3点及以下	后续应叫程序
第一应叫牌型					
(2)特殊牌型 5-4-4-0	升四档应叫转决策者	按点升档应叫	加一级示弱	加二级示弱	按开叫基本程序续叫 "7-1444"程序续叫 同上，／ 同上，／
开叫叫品：1♠、X(防守示弱性加倍)					
(一)平均牌					
(1)一般牌型 {4-4-3-2, 4-3-3-3}	升四档应叫转决策者	按点升档应叫	不叫，加一级示弱	不叫，加二级示弱	按开叫基本程序续叫 "3-8442"程序续叫 "3-8442"程序续叫 同上
(二)单套牌					
(1)一般牌型 {5-3-3-2, 5-4-2-2, 6-3-2-2, 7-2-2-2}	升四档应叫转决策者	按点升档应叫	不叫，加一级示弱	不叫，加二级示弱	按开叫基本程序续叫 "3-5142"及衍生程序续叫 "3-5142"及衍生程序续叫 同上
(2)半特殊牌型 {5-4-3-1, 6-3-3-1, 7-3-2-1, 8-2-2-1}	升四档应叫转决策者	按点升档应叫	不叫，加一级示弱	不叫，加二级示弱	"3-5142"及衍生程序续叫 同上 同上

各种牌点牌型组合应叫叫品一览表（简称应叫表）

表8-2(四)

应叫牌型 \ 第一应叫叫品 \ 应叫牌点	强牌 16点及以上	中间牌 7-15点	较弱牌 4-6点	弱牌 3点及以下	后续应叫程序
(3) 特殊牌型（强牌型）					
6-4-3-0	升四档应叫转决策者	升四档应叫者 或 按点升档应叫	加一级示弱		按开叫基本程序续叫或按"3-5142"反衍生程序续叫
7-4-1-1					同上
7-4-2-0					同上
7-3-3-0					同上
8-3-1-0					同上
8-3-2-0					同上
8-4-1-0				不叫，加二级示弱	同上
8-5-0-0					同上
9张以及以上					同上
(三) 双套牌					
(1) 半特殊牌型 5-5-2-1	升四档应叫转决策者	按点升档应叫	加一级示弱	加二级示弱	"3-5152" 续叫
(2) 特殊牌型（强牌型）					
5-5-3-0	升四档应叫转决策者	升四档应叫者 或 按点升档应叫	加一级示弱	加二级示弱	按开叫基本程序续叫或按"3-5142"反衍生程序续叫
6-5-1-1					同上
6-5-2-0					同上
7-5-1-0					同上
6-6-1-0					同上
7-6-0-0					同上
8-5-0-0					同上
(四) 三套牌					
(1) 半特殊牌型 4-4-4-1	升四档应叫转决策者			加二级示弱	按开叫基本程序续叫 "71444" 后续叫牌

表8-2(五) 各种牌点牌型组合应叫叫品一览表(简称应叫表)

应叫牌点 第一应叫叫品 应叫牌型	强牌 16点及以上	中间牌 7-15点	较弱牌 4-6点	弱牌 3点及以下	后续应叫程序
(2)特殊牌型 5-4-4-0 (强牌型)	升四档应叫转决策者	按点升档应叫		加一级示弱 加二级示弱	按开叫基本程序续叫 同上 同上
开叫叫品:1♦ 示弱性开叫					
(一) 平均牌 任意牌型	接力应叫转决策者	同上	同左	同左	"7144"后续叫
(二) 单套牌	接力应叫转决策者	同上	同左	同左	同上
(三) 双套牌	接力应叫转决策者	同上	同左	同左	同上
(四) 三套牌	接力应叫转决策者	同上	同左	同左	同上
开叫叫品:二阶及多阶开叫					
(一) 平均牌 任意牌型	接力叫后转决策者	同上	同左	同左	开叫者接应叫基本程序续叫
(二) 单套牌	接力叫后转决策者	同上	同左	同左	同上
(三) 双套牌	接力叫后转决策者	同上	同左	同左	同上
(四) 三套牌	接力叫后转决策者	同上	同左	同左	同上

 **第九章 简易叫牌法**

这一章是专为初学桥牌的牌友和想学桥牌但又被"桥牌难"困扰,从而望而却步的人士写的。

没有接触过桥牌的人,可能会问:"桥牌"是什么?作者告诉你:"桥牌是利用扑克牌来玩的一种数字游戏。"由于扑克牌的张数较多,所以它的数字及数字组合也较一般的数字游戏多,显得有点复杂,其实这是一种表面现象,只要你掌握了本叫牌体系的几个基本程序,则较复杂的数字组合就变得较简单了。

桥牌与20世纪七八十年代流行的扑克牌玩法"百分""升级"有很多相同之处,比如要有四个人才能玩,俩俩为伴,轮流做庄,扑克牌要经过洗牌、发牌、打牌,每人出一张牌为一轮,谁的牌大谁赢,有主牌,可以"枪毙",最后都要计算分数决定输赢等等。当然也有不同的地方,主要不同点如下:

1."百分""升级"包括大王、小王,共54张牌,每人发12张牌,留底6张给庄家选用。而桥牌不要大小王,每人发13张牌,没有留底牌给庄家选用。

2."百分""升级"的主牌是靠"翻牌"决定的,而桥牌的主牌则通过叫牌,相互通报信息,最后决定"主牌"。

3."升级"是抢"K""10""5"三种分数,庄家赢得65分及以上则升一级,继续做庄;如果对方取得40分及以上,则庄家下台,对方做庄,谁先升级到14级,谁就赢一盘。"百分"则记分,也是抢"K""10""5",谁分多谁就赢。桥牌则先计算"墩数"(每4张为一墩),然后再换算成分数,最后谁分多谁就赢。

会打"百分""升级"的读者,学习桥牌更容易一些。

任何初学牌友学习桥牌的第一关都是"叫牌",通过叫牌,你和同伴进行

第九章　简易叫牌法

信息交流，以决定什么是将牌（主牌），能拿多少墩，打什么"定约"最合适。可是，不管你选用的是传统的自然叫牌体系还是人工叫牌体系，你总觉得牌叫得不太清楚，特别是在双方争叫的情况下，失误很多，叫完牌后，对联手的牌点、牌型仍然是心中无数，似是而非。这就为桥牌失败埋下伏笔。有作者统计过，在高水平的比赛中，有75％以上的牌，是由叫牌的正确与否来决定胜负的。而程序性数字化叫牌体系的创立，当应叫基本程序全部完成后，叫牌的精准度可达95％及以上，这就为桥牌的胜利打下坚实的基础。

我们现在所推荐的简易叫牌概括了程序性数字化叫牌的核心部分，略去了一些非常见牌的叫牌法，如示弱性开叫、特殊牌型开叫、牺牲叫、加倍、再加倍等叫法。这样一来，就将较复杂的叫牌问题变得十分简单了。它由5位数字组成5个"基本叫牌程序"。你根据手上的牌点、牌型，是开叫则选用"开叫基本程序"叫牌；你是应叫者则从4个"应叫基本程序"中选一个与你的牌点、牌型相对应的"基本应叫程序"应叫即可。即使你从来没有接触过桥牌，只要你花上10至20个小时，学习本叫牌体系的简易叫牌法后，你就可以上桌与别人打牌了。在你熟练掌握了简易叫牌法后，再逐步扩大一些别的、非常见牌的叫牌法，久而久之，你就水到渠成地掌握了整个程序性数字化叫牌体系了。

（一）有关概念及定义：详细内容请参看本书绪论中的有关内容。但为了本章的独立性及阐述方便，这里要简述一下有关的概念及定义。

1. 牌点：大牌是实力的体现。玩过扑克牌的人都知道A比K大，K又比Q大，这只是定性地表达牌的大小。桥牌需要定量地表达牌的大小。按国际通行的方法规定以"点数"表示牌的大小：A＝4，K＝3，Q＝2，J＝1，10及10以及不计点（即一律视为零点）。这样，一种花色共有10点，四种花色共有40点，四人平均，每人10点，凡超过10点者则超过了平均数，表示有"开叫"的资格。

2. 牌型：你拿到一手牌共13张，其中每种花色各有多少张，共同组成13张，这种"共同组成"就称为牌型。本叫牌体系规定，牌型共分为四种套型，即：

（1）单套牌型：只有一门花色为5张及以上的牌型；

（2）双套牌型：有两门花色各为5张及以上的牌型；

（3）平均牌型：既无5张及以上花色，也没有单张花色的牌型；

(4) 三套牌型：有三门花色同时为 4 张及以上的牌型。

牌型用 4 个数字加横杠表法，比如 5-4-3-1，5-5-2-1，4-3-3-3，6-4-2-1 等，张数最多的花色排在第一，张数第二多的排在第二，张数第三多的排在第三，张数最少的排在第四。

3. 叫品（亦称缩写的叫牌语言）：桥牌发牌后，经过整理，算准点数，理顺牌型，每人只准看自己的牌，不准看别人的牌。然后通过叫牌语言来表达你的牌点、牌型，使你和同伴之间找到最合适定约的过程就是叫牌过程。叫牌语言的缩写（数字+英文字母）就是叫品。叫品共有 38 个，按大小排列有 35 个，它们是：

1♣→1♦→1♥→1♠→1NT→
2♣→2♦→2♥→2♠→2NT→
3♣→3♦→3♥→3♠→3NT→
4♣→4♦→4♥→4♠→4NT→
5♣→5♦→5♥→5♠→5NT→
6♣→6♦→6♥→6♠→6NT→
7♣→7♦→7♥→7♠→7NT

另外还有 3 个符号形式的叫品：

"—"：不叫。

"X"：加倍。

"XX"：再加倍。

简易叫牌，暂停使用技术性加倍和技术性再加倍。

说法：

(1) 叫品前面的数字称为"阶"，共有 7 阶，每一个叫品称为"级"，共有 35 级。

叫品的阶数+6（基数）=定约方应拿到的墩数。

(2) 叫品的定义，举例如下：

1♣：草花为将牌，定约方应拿到的墩数=1+6=7 墩。

2♦：方块为将牌，定约方应拿到的墩数=2+6=8 墩。

3NT：没有将牌，定约方应拿到的墩数=3+6=9 墩。

4♥：红桃为将牌，定约方应拿到的墩数=4+6=10 墩。

4♠：黑桃为将牌，定约方应拿到的墩数=4+6=10 墩。

第九章 简易叫牌法

5♣：草花为将牌，定约方应拿到的墩数＝5＋6＝11墩。

5♦：方块为将牌，定约方应拿到的墩数＝5＋6＝11墩。

6♠：黑桃为将牌，定约方应拿到的墩数＝6＋6＝12墩。

7NT：没有将牌，定约方应拿到的墩数＝7＋6＝13墩。

其余类推。

（3）叫品的大小：在35个有大小之分的叫品中，最小叫品是1♣，最大叫品是7NT。叫牌时，第一家可以叫任意一个叫品，第二家的叫品一定要比第一家大，即只能按箭头所指的方向往前选叫品，第三家的叫品又要比第二家的叫品大，第四家的叫品又要比第三家的叫品大……其余类推。比如第一家叫品为1♠，第二家想叫方块的话，只能叫2♦，第三家想叫草花的话，只能叫3♣，第四家可叫3♦及以上的叫品。

4. 叫牌顺序：由发牌人先开叫，然后按顺时针方向叫牌。在某人叫出某个叫品后，其余三人都不叫，叫牌过程结束。该最后的叫品就是定约的叫品。叫牌一律采用叫牌纸并采用书写形成进行（当然更简单的也可以用口头叫牌）。叫牌纸中的英语字母为 E—东，S—南，W—西，N—北。

叫牌过程列表法

	北	东	南	西
第一轮	—	1♣	2♣	2♥
第二轮	—	2♠	3♣	3♥
第三轮	—	4♦	—	—
第四轮	—			

北先开叫，书写时一律由左到右，第一行写满后再写第二行。

第一轮：北"—"，不叫；东叫"1♣"（约定叫，方块5张）；南叫"2♣"（草花5张）；西升一档应叫"2♥"。

第二轮：北"—"不叫；东叫"2♠"（接力叫）；南叫"3♣"；西叫"3♥"（红桃5张）。

第三轮：北"—"不叫；东叫"4♦"（止叫）；南不叫；西不叫。

第四轮：北"—"，不叫；叫牌结束。

此副牌的最后定约为4♦，即方块为将牌，定约方为东西方，主打人为"东"。定约方要拿到的墩数为 4（定约数）＋6（基数）＝10墩。

5. 本叫牌体系采用同伴之间一人为决策者，另一人为参谋者的决策方法，参谋者无权决策，其任务是将自己的牌点、牌型精准地报告决策者，由决策者进行决策。同伴之间首先叫牌的人（实叫叫品）为开叫人，其同伴是应叫人。本简易叫牌法规定如下：

（1）一阶开叫人就是决策者，其同伴就是参谋者。

（2）二阶及多阶开叫人开叫后便转参谋者，其同伴（原应叫人）随即转为决策者。

6. 开叫、应叫基本程序及其含义：按固定程序叫牌是本叫牌体系的最重要的特征之一。即第一叫叫什么套，第二叫叫什么花色……均按预先规定好的程序进行。

（1）开叫基本程序：

"0 1 1 1 9"

式中：0——开叫叫品，根据牌点、牌型的情况决定。可参看表9-1来决定。

1——接力叫，在前面最后一个叫品上加一级。

1——多次接力叫。

9——表示止叫。任何成局叫均为止叫，比如3NT、4♥、4♠、5♣、5♦等均为止叫叫品，任何不成局的非接力叫（跳叫）均为不成局止叫。

（2）应叫基本程序：共有4个，应叫方计算牌点时，不计算"J"的点。所有应叫可参看表9-2来决定。

①平均牌型的应叫基本程序："38442"。平均牌型只有两种：4-4-3-2、4-3-3-3。

式中：3——第一应叫，根据牌点、牌型，升档应叫。

8——表示平均牌型的数字，对应叫品为NT。表示无5张及以上套。

4——第三应叫，叫出最强的4张花色套。

4——第四应叫，叫出第二个4张花色套，如没有再叫前面的叫品，表示牌型为4-3-3-3。

2——第五应叫，叫出含有大牌的双张花色套，如没有大牌的双张套，则重叫前面的叫品。

②单套牌应叫基本程序："35142"。

式中：3——第一应叫。根据牌点与牌型，升档应叫。

第九章 简易叫牌法

5——第二应叫，叫出自己手中最长、最强的5张及以上的花色套，必须含有1张及以上的大牌。

1——第三应叫，叫出自己手中的单张花色，如没有单张花色，则可重叫前面叫过的花色叫品或NT。

4——第四应叫，叫4张花色套，如无4张套，则重叫前面叫过的花色或无将。

2——第五应叫，在双张花色套中有1张及以上的大牌时才叫出该套，如无大牌，可重叫前面叫过的叫品。

③双套牌应叫基本程序："3 5 1 4$\overset{+}{2}$"。

式中：3——第一应叫，根据牌点、牌型、升档应叫。

5——第二应叫，叫出自己手中最长、最强的5张及以上的花色套，含1张及以上的大牌。

1——第三应叫，叫出自己的单张花色，如果是缺门，则跳高一阶叫出该花色。

$\overset{+}{4}$——第四应叫，为了与单套牌有所区别，第二个5张及以上套用跳高一阶的方法叫出该花色，用"+"表示跳阶叫。

2——第五应叫，叫出有大牌的双张花色套，如没有则重叫前面叫过的叫品。如果除缺门花色外，还有一门花色为单张，则此应叫也采用跳阶叫方法表示该花色为单张。

④三套牌应叫基本程序："71444"。三套型也只有两种：4-4-4-1，5-4-4-0。

式中：7——表示三套牌的数字，对应叫品为NT。7～10点叫同阶NT，11～15点跳叫高一阶NT。

1——第二应叫，叫单张花色，如缺门则跳阶叫出该花色，此时即表示牌型为5-4-4-0。

4——第三应叫，叫出最强4张花色套，如果第二应叫已跳阶叫，则此叫为5张套。

4——第四应叫，叫出第二个次强的4张花色套。

4——第五应叫，第三个4张花色套中有大牌时大叫出，否则重叫前面的叫品。

（3）第一应叫的分档方法：

第一应叫的目的是向开叫人报告应叫人的牌点及牌型（牌型有些要加第二应叫才能表示清楚）。本叫牌体系的第一应叫采用"点套共息"升档应叫的办法（除三套牌另有规定外）。所谓"档"，是将两种低花花色放在一起，称"低花档"，将两种高花花色放在一起，称为"高花档"，超过三阶后，以"级"代"档"。档次由小到大排列如下：

1♣、1♦→1♥、1♠→2♣、2♦→2♥、2♠→3♣、3♦→3♥、3♠→3NT→4♣、4♦→4♥、4♠→4NT→5♣、5♦→5♥、5♠→5NT。

例如：

(a) 开叫人开叫1♣，对方不叫。

你单套8±1点，则在1♣上加一档，叫1♥或1♠；

你单套11±1点，则在1♣上加二档，叫1♣或1♦；

你单套14±1点，则在1♣上加三当档，叫2♥或2♠。

注意要在该档中选一种带大牌的花色叫出，优先叫出带Q的三张套，下同。

(b) 开叫人叫1♥，对方不叫。

你双套牌8±1点，则在1♥上加一档，叫2♣或2♦；

你双套牌11±1点，则在1♥上加二档，叫2♥或2♠；

你双套牌14±1点，则在1♥上加三档，叫3♣或3♦。

(c) 开叫人叫1♠，对方争叫1NT。

你平均牌8±1点，则在1NT上加一档，叫2♣或2♦；

你平均牌11±1点，则在1NT上加二档，叫2♥或2♠；

你平均牌14±1点，则在1NT上加三档，叫3♣或3♦。

(d) 开叫人叫1♣，对方争叫1♠。

你三套牌7～10点，叫1NT；

你三套牌11～15点，叫2NT。

其余类推，如你牌点16点及以上时，任意套型，均升四档应叫。

7．成局定约要求联手（你和同伴合起来叫联手）的牌点大致如下：

高花成局（4♥或4♠）：24点；

低花成局（5♣或5♦）：28点；

无将成局（3NT）：26～28点；

小满贯（6阶叫品）：30~32点；

大满贯（7阶叫品）：33点~37点。

(二) 开叫及应叫的条件及步骤。

1. 开叫条件及步骤。

(1) 一阶花色开叫条件：

牌点：11~15点（10点及以下一律不叫）。

牌型：单套牌、双套牌，开叫花色必须含有1张及以上的大牌。

黑桃5张及以上，开叫1♠；

红桃5张及以上，开叫1♥；

方块5张及以上，开叫1♣（注意这是约定叫）；

草花5张及以上，开叫1♣。

牌型：平均牌、三套牌、单套牌但5张花色套中无大牌者，16点及以上的任意牌型，一律开叫1♣。1♣叫品属逼叫性开叫，即硬性规定应叫者一定要应叫。

(2) 二阶及多阶花色开叫条件：

牌点：7~10点；

牌型：单套牌含6张及以上的花色套，该套中至少有3点及以上。

单套花色6~7张，开叫二阶该花色；

单套花色8~9张，开叫三阶该花色；

单套花色10张及以上，开叫四阶该花色。

二阶及多阶花色开叫后，主动权交给同伴，即同伴转为决策者；开叫人转为参谋者，按单套牌基本应叫程序继续应叫。

(3) 开叫的步骤：

(a) 理好牌型，算好牌点，对照开叫条件，开叫对应的叫品；

(b) 后续叫（第二及以后的叫牌统称后续叫）按开叫基本程序"0－1119"叫牌；二阶及多阶花色开叫后，转为参谋者，根据套型按"应叫基本程序"继续应叫；

(c) 开叫人（决策者）根据应叫人（参谋者）报出的牌点、牌型，综合计算联手的牌点及牌型，可能的输墩及赢墩，估计能打成什么定约就选定该叫品作为最终定约；

(d) 开叫人（决策者）的任何成局叫均为止叫，任何不成局的跳级叫亦为止叫。如果打有将定约，联手将牌应在8张及以上，最好是4-4配合，其

次是 5—3 配合；

(e) 最后三家都不叫了，叫牌结束。

2. 应叫的条件及步骤。

(1) 应叫条件：

牌点：

(a) 开叫叫品为 1♥、1♠时，应叫人第一应叫如下：

6 点及以下时，不叫；

7～15 点，按点套共息，升档应叫；

16 点及以上时，升四档进行应叫。

(b) 开叫叫品为 1♣时，应叫人第一应叫如下：

3 点及以下，两次升一级示弱应叫；

4～6 点，一次升一级示弱应叫；

7～15 点，按点套共息，升档应叫；

16 点及以上时，升四档进行应叫。

(c) 开叫叫品为二阶及多阶花色开叫时，应叫人第一应叫如下：

6 点及以下，不叫；

7～10 点时，视牌型情况决定是否叫牌；

11 点及以上时，用接力叫应叫，并立即转为决策者。

牌型：应叫人（参谋者）第二应叫及后续叫牌按套型的"基本应叫程序"应叫，即按：

单套牌："35142"；

双套牌："351$\overset{+}{4}$2"；

平均牌："38442"；

三套牌："71444"

继续应叫。

(2) 应叫步骤：

(a) 理好牌型，算好牌点，同伴如果不开叫，你就成开叫人，按开叫条件决定是否开叫。

(b) 如果同伴开叫了，要查看是逼叫性开叫还是非逼叫性开叫，然后根据你的牌点、牌型按应叫条件进行应叫。在升档应叫时，如果按规定升到的那一档两门花色中均无大牌，则可以降档进行应叫。如果第二家争叫，你升档时要在第二家叫品基础上升档。

（c）如果同伴开叫的是二阶及多阶叫品，你随即转为决策者，第一应叫取消点套共息应叫方法，代之以接力叫应叫，后续叫按"111……9"开叫基本程序继续叫牌。

（d）同伴一阶花色开叫后，你按点套共息进行了第一应叫后，后续叫按套型的"基本应叫程序"继续叫牌，将你的牌型情况详细地告诉开叫人。

（e）注意同伴（开叫人）的止叫信息。本叫牌体系规定：任何成局叫均为止叫；任何不成局的跳级叫亦均为止叫。当你接收到止叫信息后，应立即停止叫牌，应叫结束。

3. 满贯向叫。

满贯向叫的目的是决策者问清参谋者的大牌，主要是 A 和 K 的个数和位置，以便根据联手的牌力决定可否打小牌贯或大牌贯，打花色定约还是无将定约。由于本叫牌体系点套共息的第一应叫采用优先叫带 Q 的三张套，所以一般不用问 Q。

A. K 问叫方法如下：

（1）决策者用 4NT 问 A，参谋者答叫如下：

5♣——无 A 或 3 个 A；

5♦——1 个 A 或 4 个 A；

5♥——贴邻的 2 个 A；

5♠——相隔开的 2 个 A。

口诀为："零三、一四、贴二、跳二"。

决策者用 4NT 问 A 后，续叫 5NT，表示问 K，参谋者答叫如下：

6♣——无 K 或 3 个 K；

6♦——1 个 K 或 4 个 K；

6♥——贴邻的 2 个 K；

6♠——相隔开的 2 个 K。

口诀同上。

（2）有时候，因叫牌的需要，参谋者先叫出 4NT，此时决策者改用 5♣问 A，参谋者答叫如下：

5♦——无 A 或 3 个 A；

5♥——1 个 A 或 4 个 A；

5♠——贴邻的 2 个 A；

5NT——相隔的2个A。

决策者如果想继续问K，则用6♣问K，参谋者答叫如下：

6♦——无K或3个K；

6♥——1个K或4个K；

6♠——贴邻的2个K；

6NT——相隔开的2个K。

口诀同上："零三、一四、贴二、跳二"。

简易叫牌法开叫一览表 表9-1

开叫叫品	开叫条件及开叫基本程序		
	牌点	牌型	开叫基本程序
一阶花色开叫			
1♠	11~15	黑桃5张及以上	"01119"
1♥	11~15	红桃5张及以上	同上
1♣	11~15	方块5张及以上	同上
1♣	11~15	草花5张及以上	同上
1♣	11~15	平均牌型	同上
1♣	11~15	三套牌型	同上
1♣	16点及以上	任意牌型	同上
二阶及多阶花色开叫（开叫花色必须有3点及以上）	7~10	某花色6~7张	开叫二阶花色后转为参谋者，按套型应叫基本程序应叫。"$3\overset{+}{5}-142$"。
		某花色8~9张	开叫三阶花色后转参谋者，按套型应叫基本程序应叫。"$3\overset{++}{5}-142$"。
		某花色10张及以上	开叫四阶花色后转参谋者，按套型应叫基本程序应叫。"$3\overset{+++}{5}-142$"。

注：10点及以下一律不准开叫一阶花色。

第九章 简易叫牌法

简易叫牌法应叫一览表   表 9-2

开叫叫品	应叫条件及应叫基本程序			
	牌点	牌型	开叫基本程序	应叫基本程序
1♠（或1♥）	6点及以下	任意	不叫	—
	7～15点	单套牌	升档应叫	"35142"
	同上	双套牌	升档应叫	"35142"
	同上	平均牌	升档应叫	"38442"
	同上	三套牌	按另一方法升档应叫	"71444"
	16点及以上	同上各套	升四档应叫	转决策者，按开叫基本程序继续叫牌
1♣	3点及以下	同上各套	两次升一级示弱	按套型应叫基本程序应叫。
	4～6点	同上各套	一次升一级示弱	同上
	7～15点	同上各套	升档应叫	按套型应叫基本程序叫牌。
	16点及以上	同上各套	升四档应叫	转决策者，按开叫基本程序继续叫牌。
2♠、2♥ 2♦、2♣	6点及以下	同上各套	不叫	—
	7～10点	同上各套	视情况应叫	第一应叫用接力叫应叫后，转决策者，按开叫基本程序继续叫牌。
	11点及以上	同上各套	接力叫	同上
3♠、3♥ 3♦、3♣	同二阶对应情况叫及后续叫			转决策者，按开叫基本程序继续叫牌。
4♠、4♥ 4♦、4♣	同二阶对应情况叫及后续叫			转决策者，按开叫基本程序继续叫牌。

227

 **第十章 简易记分法**

正式比赛的桥牌记分法比赛复杂，对"休闲桥牌"不太适用。这里设计一种专门用于"休闲桥牌"的简易记分法。设计简易记分法的原则如下：

（1）娱乐第一，比赛第二；

（2）简单易记，一目了然；

（3）奖罚对等，公平公正；

（4）不分局况，一律按无局处理；

（5）加倍再加倍只对奖分、罚分起作用，基本分不变；

（6）打成定约得"正分"，打不成定约得"负分"。

这里还要先介绍两个概念：

1. 法定墩分概念：这是国际比赛规则规定的法定墩分概念。法定墩分规定如下：

　　a. 高花（黑桃、红桃）每墩为 30 分。

　　b. 低花（方块、草花）每墩当 20 分。

　　c. 无将第一墩为 40 分，以后每墩 30 分。

2. "成局"与"未成局"的概念：国际比赛规则又规定：当定约墩分≥100 分时，这个定约就叫"成局定约"，下述 2、3、5 例为"成局"定约；当定约墩分<100 时，这个定约就叫"未成局"定约，下述 1、6 例为"未成局"定约。"成局"与"未成局"的概念与"奖分""罚分"有着密切的关系。

桥牌的分数由"基本分""奖分""罚分"三部分组成。

（一）基本分：

（1）完成定约可得"定约墩分"：定约的阶数乘以该定约花色的法定墩分即得定约墩分。

比如：定约为 2♠，定约墩分为 2×30＝60 分。

定约为 4♥，定约墩分为 4×30＝120 分。

定约为 3NT，定约墩分为 1×40＋2×30＝100 分。

定约为 3♦，定约墩分为 3×20＝60 分。

定约为 5♣，定约墩分为 5×20＝100 分。

（2）未完成定约不得定约墩分，即定约墩分为"零"。

（二）奖分：均为"正"分。

（1）超墩奖分：定约方超额完成定约，可得超墩奖分。超墩奖分＝超墩数×法定数分。

例如：a. 定约为 2♠，实际打成 3♠，超出一墩，超墩奖分＝1×30＝30 分。

b. 定约为 3NT，实际打成 4NT，超出一墩，超墩奖分＝1×30＝30 分。

c. 定约为 3♦，实际打成 5♦，超出二墩，超墩奖分＝2×20＝40 分。

（2）完成成局定约奖分：100 分。

（3）完成未成局定约奖分：50 分。

（4）完成小满贯定约奖分：300 分。

（5）完成大满贯定约奖分：500 分。

（6）完成被加倍定约奖分：（超墩奖分＋对应项奖分）×2

（7）完成再加倍定约奖分：（超墩奖分＋对应项奖分）×4

（三）罚分：均为"负分"。

（1）未完成定约，要欠墩罚分。欠墩罚分＝－（所欠欠墩数×法定墩分）

（2）未完成成局定约罚 100 分，即得－100 分。

（3）未完成未成局定约罚 50 分，即得－50 分。

（4）未完成小满贯定约罚 300 分，即得－300 分。

（5）未完成大满贯定约罚 500 分，即得－500 分。

（6）未完成被加倍定约罚分：－（欠墩罚分＋对应项罚分）×2

（7）未完成被再加倍定约罚分：－（欠墩罚分＋对应项罚分）×4

每一局定约方得分为"基本分"与"奖分"(或罚分)的代数和。比较双方所有局得分之总和即可决定比赛的胜负。哪方分多,哪方就是胜方。

例 10-1

南发牌

♠ A J 7 4 2
♥ 6 4
♦ 6 4 3
♣ 7 5 2

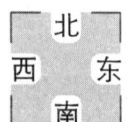

♠ K 8
♥ A K Q 9 5 3
♦ A 7 5
♣ Q 7

叫牌过程

	南	北
①	1♣	1♦
②	1♥	1♠
③	1NT	2♠
④	3♥	—
⑤	—	

叫牌信息语义

南

①1♣:11点或16点及以上。开叫基本程序:"01119"。

②1♥:接力叫。

③1NT:接力叫。

④3♥:跳级叫,止叫。草花要输2墩,方块要输2墩,即使黑桃能树立,北没有进乎张,无法兑现。

⑤—:不叫。

赛果:3♥—1

北

1♦:4~6点,加一级示弱。应叫基本程序:"3-5142"。

1♠:可能二次示弱,或5张黑桃。

2♠:黑桃5张,有1张大牌。单套牌。

—:不叫。

例 10－2

西发牌

♠ Q 10 9 7 4　　　　　　　　♠ K J 6 3
♥ Q J 5　　　　　　　　　　 ♥ A 8 7 4
♦ A K J　　　　　　　　　　 ♦ 8 4
♣ J 7　　　　　　　　　　　 ♣ A Q 6

叫牌过程

	西	东
①	1♠	3♣
②	3♦	3NT
③	4♣	4♥
④	4♠	—
⑤	—	

叫牌信息语义

西

①1♠：11～15 点，黑桃 5 张，开叫程序："01119"。

②3♦：接力叫。

③4♣：接力叫。

④4♠：成局止叫。估计同伴 14±1 点，草花有大牌，红桃有大牌，黑桃也有大牌，可打 4♠。

⑤—：不叫。

赛果：4♠±0

东

3♣：14±1 点，升三档应叫。

3NT：平均牌型，应叫基本程序："38442"。

4♥：红桃 4 张，有 1 张大牌。

—：不叫。

例 10-3

北发牌

♠ A Q 7 5 2
♥ Q 4
♦ K 7 5
♣ Q 6 5

叫牌过程

	北	南
①	1♠	3♣
②	3♦	3NT
③	—	—

♠ K 6
♥ A J 7 3
♦ Q 9 8 4
♣ A J 3

叫牌信息语义

北

①1♠：11~15 点，黑桃 5 张，开叫程序："01119"。

②3♦：接力叫。

③—：同意同伴成局止叫。估计同伴 14±1 点，平均牌型，各门花色均有大牌。

赛果：3NT+1

南

3♣：14±1 点，升三档应叫。

3NT：平均牌型，应叫基本程序："38442"。

—：不叫。

第十章 简易记分法

例 10-4

东发牌

♠ 7
♥ A K 8
♦ K J 10 8 3
♣ K 9 6 3

（北 西 东 南 方位图）

♠ J 5 4
♥ J 6
♦ A Q 7 5 2
♣ A Q J

叫牌过程

	东	西
①	1♣	2♥
②	2♠	3♦
③	3♥	3♠
④	4♣	5♣
⑤	5NT	6♦
⑥	—	—

叫牌信息语义

东

①1♣：11~15 点，方块或草花 5 张，开叫程序："01119"。

②2♠：接力叫。

③3♥：接力叫。

④4♣：接力叫。

⑤5NT：问 A。

⑥—：同意同伴叫 6♦，止叫。同伴 14±1 点，有红桃 A，黑桃单张，可打 6♦。

赛果：6♦±0

西

2♥：14±1 点。

3♦：方块 5 张，单套牌，应叫基本程序："35142"。

3♠：黑桃单张。

5♣：草花 4 张，且有 1 张大牌。

6♦：1 个 A。

—：不叫。

例 10-5

南发牌

♠ A J 5
♥ 6 3
♦ A K 6 2
♣ K 8 3 2

♠ 10 9 4 3
♥ A K Q J 10
♦ 10 8 3
♣ 9

♠ K Q 8 7 6
♥ 9 8 7 5 4 2
♦ —
♣ Q J

♠ 2
♥ —
♦ Q J 9 7 5 4
♣ A 10 7 6 5 4

叫牌过程

	南	西	北	东
①	1♣	—	2♠	—
②	2NT	—	3NT	—
③	4♣	—	4♦	—
④	4NT	—	5♠	—
⑤	5NT	—	6♥	—
⑥	7♦	—	—	—
⑦	—			

叫牌信息语义

　　　　南　　　　　　　　　　　北

①1♣：特殊牌型，可试叫 1♣。　　2♠：14±1 点，升三档应叫。
　开叫程序："01119"。

②2NT：接力叫。　　　　　　　　3NT：平均牌型，应叫基本程序：
　　　　　　　　　　　　　　　　　　"38442"。

③4♣：接力叫。
④4NT：问 A。
⑤5NT：问 K。
⑥7♦：同伴有 14 点，有黑桃 A 和方块 A；有 2 个贴邻的 K，如果是方块 K 和草花 K 的话，则可数得 13 墩，故打 7♦。
⑦—：不叫。
赛果：7♦±0

4♦：最强 4 张套，至少有 1 张大牌。
5♠：2 个相隔的 A。
6♥：2 个贴邻的 K。
—：不叫。

例 10-6

西发牌

♠ K J 8 6 2
♥ Q 4 3
♦ 3
♣ J 9 8 2

♠ 5 4 3
♥ K 10 9 8 9
♦ K J 2
♣ Q 4

♠ A Q 10 7
♥ 6 2
♦ A Q 10 8 4
♣ 7 6

♠ 9
♥ A J 5
♦ 9 7 6 5
♣ A K 10 5 3

叫牌过程

	西	北	东	南
①	—	—	1♣	2♣
②	2♥	—	2♠	—
③	3♥	—	4♦	X
④	—			

叫牌信息语义

西

① 一：不叫。

② 2♥：8点，升一档应叫。

③ 3♥：红桃5张，有1张大牌。

④ 一：不叫。

北

① 一：不叫。

② 一：不叫。

③ 一：不叫。

④ 一：不叫。

赛果：4♦-1，X

东

1♣：12点。

2♠：接力叫。

4♦：同伴8点，主牌尚可，只能打4♦，叫过了头。

一：不叫。

南

2♣：11点。

一：不叫。

X：惩罚性加倍。

一：不叫。

例 10-7

北发牌

♠ J 8 4
♥ K 6 3
♦ K 7 6 3
♣ Q 10 2

♠ K 9 6
♥ 8 5 4 2
♦ J 9
♣ J 5 4 3

```
  北
西  东
  南
```

♠ 3 2
♥ A Q J 10 9
♦ 8 5
♣ A 9 8 6

♠ A Q 10 7 5
♥ 7
♦ A Q 10 4 2
♣ K 7

第十章 简易记分法

叫牌过程

	北	东	南	西
①	—	1♥	1♠	—
②	2♦	—	2♥	—
③	2NT	—	3♣	—
④	4♣	—	4♠	—
⑤	—			

叫牌信息语义

北

①—：不叫。

②2♦：8点，升档应叫。

③2NT：平均牌型。应叫程序："38442"。

④4♣：草花有1张大牌。

⑤—：不叫。

南

1♠：15点，5张黑桃。

2♥：接力叫。

3♣：接力叫。

4♠：止叫。同伴8点左右，方块、草花都有大牌。

—：不叫。

东

①1♥：11点，红桃5张。

②—：不叫。

③—：不叫。

④—：不叫。

⑤—：不叫。

赛果：4♠±0

西

—：不叫。6点以下。

—：不叫。

—：不叫。

—：不叫。

例 10-8

东发牌

```
              ♠ 6 5 4
              ♥ K 8 6 4
              ♦ K 7
              ♣ A 9 7 3
♠ 7 3 2                    ♠ K Q J 9 8
♥ J 10 9                   ♥ A Q 3 2
♦ 9 2                      ♦ 8 4
♣ J 8 5 4 2                ♣ K 6
              ♠ A 10
              ♥ 7 5
              ♦ A Q J 10 6 5 3
              ♣ Q 10
```

叫牌过程

	东	南	西	北
①	1♠	2♣	—	3♣
②	—	3♦	—	3NT
③	X	XX	—	—
④	—	—		

叫牌信息语义

　　　　　东　　　　　　　　　　　　西

①1♠：11~15 点，5 张黑桃。　　　—：6 点以下不叫。
②—：不叫。　　　　　　　　　—：不叫。
③X：惩罚性加倍。　　　　　　—：不叫。
④—：不叫。

南　　　　　　　　　　　　　北

①2♣：11～15点，5张及以上　　3♣：11±1点，升二档应叫。
　　方块。
②3♦：接力叫。　　　　　　　　3NT：平均牌型，应叫程序：
　　　　　　　　　　　　　　　　　　"38442"。
③XX：惩罚性再加倍。　　　　　—：不叫。
④—：不叫。
赛果 3NT±0，XX

简易记分表

我方（北南）	对方（东西）
第一局（例10-1），赛果：3♥-1	第二局（例10-2），赛果：4♠±0
①定约墩分：未完成定约，得"0"分 ②欠墩罚分：－(1×30)=－30分 ③未完成未成局定约，罚分－50分 小计：－80分	①完成定约墩分：4×30=120分 ②超墩奖分：未超墩，0分 ③完成成局定约，奖分：100分 小计：220分
第三局（例10-3），赛果：3NT+1	第四局（例10-4），赛果：6♦±0
①定约墩分：1×40+2×30=100分 ②超额奖分：1×30=30分 ③完成成局定约奖分：100分 小计：230分	①完成定约墩分：6×20=120分 ②超墩奖分：0分 ③完成小满贯定约，奖分：300分 小计：420分
第五局（例10-5），赛果：7♦±0	第六局（例10-6），赛果：4♦-1，X
①定约墩分：7×20=140分 ②超额奖分：0分 ③完成大满贯奖分：500分 小计：640分	①定约墩分：未完成定约，得"0"分 ②欠墩罚分：－(1×20)=－20分 ③未完成未成局定约，罚分：－50分 ④被加倍罚分：－(20+50)×2=－140分 小计：－140分

我方（北南）	对方（东西）
第七局（例10-7），赛果：4♠±0	
①定约墩分：4×30=120分 ②超墩奖分：0分 ③完成定局定奖分：100分 小计：220分	
第八局（例10-8），赛果：3NT±0，XX	
①定约墩分：1×40+2×30=100分 ②超墩奖分：0分 ③完成定约奖分：100分 ④被再加倍奖分：100×4=400分 小计：500分	
总分：-80+230+640+220+500=1510分 胜方	总分：220+420-140=500分 负方

主要参考书目

1.《庄家致胜之道》〔美〕多萝西·海登著,蔡公期等译,科学普及出版社出版,1992年1月第一版。

2.《意大利兰队与桥牌》〔意〕皮特·福奎特著,马智威等译,蜀蓉棋艺出版社出版,1990年12月第一版。

3.《现代桥牌约定叫》〔美〕鲁特·帕弗立赛克著,龚家宝译,人民体育出版社出版,1987年2月第一版。

4.《现代防守叫牌精要》〔美〕杨小燕、罗·安佳森合著,林洪等译,北京科学技术出版社出版,1990年12月第一版。

5.《桥牌防御战大全》〔美〕爱佳·温·坎特著,瞿强立译。人民体育出版社出版,1987年2月第一版。

6.《美国超级自然叫牌法——爱塞斯科学体系》〔美〕鲍比·戈德曼著,沈燕文等译。蜀蓉棋艺出版社出版。1991年4月第一版。

7.《从叫牌中获取线索》〔英〕朱利安·波增杰著,余生等编译。蜀蓉棋艺出版社出版,1992年5月第一版。

8.《新编桥牌手册》董齐亮主编,光明日报出版社出版,1992年5月第一版。

9.《桥牌实战胜算》〔美〕休·凯尔赛、迈克尔·格芬特同著,龚家宝编译,农村读物出版社出版,1987年10月第一版。

10.《万能梅花制》郭魏著,蜀蓉棋艺出版社出版,1995年6月第一版。

11.《桥牌中级教程》董齐亮、龚启英主编,人民体育出版社出版,1992年4月第一版。

12.《五张高花自然叫牌法》漆有光编著,安徽科学技术出版社出版,1995年2月第一版。

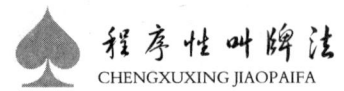

13. 《实用精确叫牌法》同上。

14. 《桥牌名家名局精选》程程等编，同上。

15. 《做庄与防守》于国明等著，同上。

16. 《桥牌新叫法——龙桥》吕昌著，四川科学技术出版社出版，1992年7月第一版。

17. 《双路叫牌体制》查仲俊著，蜀蓉棋艺出版社出版。1993年9月第一版。

18. 《桥牌入门》乌国英等编著，人民体育出版社出版，1980年9月第一版。

19. 《桥牌入门浅说》文惠编著，蜀蓉棋艺出版社出版，1990年4月第二版。

20. 《应用概率统计方法》朱燕党主编，西北工业大学出版社出版，1986年4月第一版。

21. 《信息科学与信息产业》胡继武编著，中山大学出版社出版，1995年3月第一版。

22. 《孙子兵法》海天出版社出版，1996年1月第一版。

23. 《兵家权谋》李炳彦著，解放军出版社出版。1983年10月第一版。

24. 《实战叫牌——总墩数定律及其应用》刘伟文、安明编著，蜀著棋艺出版社出版，1996年12月第一版。

25. 《桥牌秘诀》陈文兴编著，辽宁人民出版社出版，1998年6月第一版，第二次印刷。

26. 《桥牌失败的教训》瞿强立董齐亮著，1995年8月第1版。

27. 《桥牌打法与竞赛》董毅、龚启英。陕西人民出牌社出版，1999年2月第1版。

28. 《程序性叫牌法》罗勤熙著，1999年7月第1版，蜀蓉棋艺出版社出版。